Marketing
de varejo

Central de Qualidade — FGV Management
ouvidoria@fgv.br

SÉRIE MARKETING

Marketing de varejo

4ª edição

Eliane de Castro Bernardino
Mauro Pacanowski
Nicolau Khoury
Ulysses Reis

Copyright © 2011 Eliane de Castro Bernardino, Mauro Pacanowski, Nicolau Khoury, Ulysses Reis

Direitos desta edição reservados à
EDITORA FGV
Rua Jornalista Orlando Dantas, 37
22231-010 — Rio de Janeiro, RJ — Brasil
Tels.: 0800-021-7777 — 21-3799-4427
Fax: 21-3799-4430
editora@fgv.br — pedidoseditora@fgv.br
www.fgv.br/editora

Impresso no Brasil/*Printed in Brazil*

Todos os direitos reservados. A reprodução não autorizada desta publicação, no todo ou em parte, constitui violação do copyright (Lei nº 9.610/98).

Os conceitos emitidos neste livro são de inteira responsabilidade dos autores.

1ª edição — 2004
2ª edição — 2006
    1ª reimpressão — 2006; 2ª reimpressão — 2007
3ª edição — 2008
    1ª reimpressão — 2008; 2ª reimpressão — 2009
4ª edição — 2011
    1ª reimpressão — 2012; 2ª reimpressão — 2013;
    3ª reimpressão — 2014; 4ª reimpressão — 2015.

Preparação de originais: Sandra Maciel Frank
Editoração eletrônica: FA Editoração Eletrônica
Revisão: Aleidis de Beltran e Eduardo Monteiro
Capa: aspecto:design
Ilustração de capa: Romero Cavalcanti

> Bernardino, Eliane de Castro.
>   Marketing de varejo / Eliane de Castro Bernardino... [et al.]. — 4.
> ed. — Rio de Janeiro : Editora FGV, 2011.
>   168 p. — (Marketing (FGV Management))
>
>   Em colaboração com Mauro Pacanowski, Nicolau Khoury,
> Ulysses Reis.
>   Publicações FGV Management.
>   Inclui bibliografia.
>   ISBN: 978-85-225-0920-1
>
>   1. Marketing. 2. Comércio varejista. 3. Vendas — Promoção.
> I. Pacanowski, Mauro. II.Khoury, Nicolau. III. Reis, Ulysses. IV. FGV
> Management. V. Fundação Getulio Vargas. VI. Título. VII. Série.
>
>   CDD — 658.87

Aos nossos alunos e aos nossos colegas docentes,
que nos levam a pensar e repensar nossas práticas.
Às nossas famílias, que nos dão imenso apoio e incentivo.

Sumário

Apresentação 11

Introdução 15

1 | Conceitos básicos, panorama atual
e tendências do varejo 17

Canais de marketing 17

Conceitos básicos do varejo 19

Panorama do varejo 22

Tendências do varejo 27

2 | Formatos de varejo 43

Terminologia 43

Classificação das instituições de varejo com loja 44

Formatos de varejo com loja 52

Formatos de varejo sem loja 63

3 | Estratégia de varejo 69

Estratégia e objetivos 69

Segmentação e posicionamento 73

Oportunidades para obter vantagem
competitiva sustentável 77

Seleção das vantagens competitivas a serem
exploradas 81

4 | Composto de varejo 83

Elementos do composto de varejo 83

Produto 85

Preço 96

Pessoas 98

Comunicação 102

5 | Localização comercial 105

Centro comercial não planejado 105

Lojas isoladas 106

Centro comercial planejado 107

Fatores importantes para as decisões
sobre localização 108

6 | Apresentação física da loja e *visual merchandising* 119

Projeto 119

Planejamento de lojas com o *visual merchandising* 121

7 | Promoção de vendas no varejo 135

Promoção de vendas: o que é e para que serve 135

Criação de promoções 137

Indicadores de desempenho   138

Acompanhamento do *mix* de produtos a cada 100 TCs   141

Registro permanente de dados   142

Efeitos de formatos promocionais   143

Metodologia para a realização de promoções   144

Cálculos para o planejamento e controle
da promoção   150

Erros a serem evitados em promoções   157

Conclusão   159

Referências   163

Os autores   167

Apresentação

Este livro compõe as Publicações FGV Management, programa de educação continuada da Fundação Getulio Vargas (FGV). Instituição de direito privado com mais de meio século de existência, a FGV vem gerando conhecimento por meio da pesquisa, transmitindo informações e formando habilidades por meio da educação, prestando assistência técnica às organizações e contribuindo para um Brasil sustentável e competitivo no cenário internacional.

A estrutura acadêmica da FGV é composta por oito escolas e institutos: a Escola Brasileira de Administração Pública e de Empresas (Ebape), dirigida pelo professor Flavio Carvalho de Vasconcelos; a Escola de Administração de Empresas de São Paulo (Eaesp), dirigida pela professora Maria Tereza Leme Fleury; a Escola de Pós-Graduação em Economia (EPGE), dirigida pelo professor Rubens Penha Cysne; o Centro de Pesquisa e Documentação de História Contemporânea do Brasil (Cpdoc), dirigido pelo professor Celso Castro; a Escola de Direito de São Paulo (Direito GV), dirigida pelo professor Ary Oswaldo Mattos

Filho; a Escola de Direito do Rio de Janeiro (Direito Rio), dirigida pelo professor Joaquim Falcão; a Escola de Economia de São Paulo (Eesp), dirigida pelo professor Yoshiaki Nakano; o Instituto Brasileiro de Economia (Ibre), dirigido pelo professor Luiz Guilherme Schymura de Oliveira. São diversas unidades com a marca FGV, trabalhando com a mesma filosofia: gerar e disseminar o conhecimento pelo país.

Dentro de suas áreas específicas de conhecimento, cada escola é responsável pela criação e elaboração dos cursos oferecidos pelo Instituto de Desenvolvimento Educacional (IDE), criado em 2003 com o objetivo de coordenar e gerenciar uma rede de distribuição única para os produtos e serviços educacionais da FGV, por meio de suas escolas. Dirigido pelo professor Clovis de Faro e contando com a direção acadêmica do professor Carlos Osmar Bertero, o IDE engloba o programa FGV Management e sua rede conveniada, distribuída em todo o país (ver www.fgv.br/fgvmanagement), o programa de ensino a distância FGV Online (ver www.fgv.br/fgvonline), a Central de Qualidade e Inteligência de Negócios e o Programa de Cursos Corporativos In Company. Por meio de seus programas, o IDE desenvolve soluções em educação presencial e a distância e em treinamento corporativo customizado, prestando apoio efetivo à rede FGV, de acordo com os padrões de excelência da instituição.

Este livro representa mais um esforço da FGV em socializar seu aprendizado e suas conquistas. Ele é escrito por professores do FGV Management, profissionais de reconhecida competência acadêmica e prática, o que torna possível atender às demandas do mercado, tendo como suporte sólida fundamentação teórica.

A FGV espera, com mais essa iniciativa, oferecer a estudantes, gestores, técnicos — a todos, enfim, que têm internalizado o conceito de educação continuada, tão relevante nesta era do conhecimento — insumos que, agregados às suas práticas, possam contribuir para sua especialização, atualização e aperfeiçoamento.

Clovis de Faro
Diretor do Instituto de Desenvolvimento Educacional

Ricardo Spinelli de Carvalho
Diretor Executivo do FGV Management

Sylvia Constant Vergara
Coordenadora das Publicações FGV Management

Introdução

Este livro tem por objetivo apresentar e discutir os conceitos fundamentais do marketing de varejo, em especial o varejo que opera em loja.

O primeiro capítulo apresenta os conceitos básicos do varejo, o panorama atual e as principais tendências do setor. No segundo capítulo mostram-se os mais importantes formatos de varejo e os atributos utilizados para a sua classificação.

O terceiro capítulo trata da estratégia de varejo, destacando as principais oportunidades de obtenção de vantagem competitiva sustentável num empreendimento varejista.

No quarto capítulo são apresentados e discutidos os elementos que compõem o composto de varejo. Como diversos aspectos do composto de marketing, tais como marketing de serviços, gestão de produtos, gerência de vendas e gestão de preços, são tratados em outras publicações específicas da Série Marketing, esse capítulo foi utilizado para a contextualização dos assuntos no que se refere especificamente aos negócios de varejo, deixando os demais elementos para os capítulos seguintes.

A localização comercial e a apresentação física da loja são os temas tratados nos capítulos 5 e 6, respectivamente.

O sétimo capítulo apresenta uma metodologia para o planejamento e o acompanhamento de promoções no ponto de venda.

Por último, é apresentada a conclusão resultante do esforço de consolidação dos temas aqui expostos.

1

Conceitos básicos, panorama atual e tendências do varejo

A conceituação do termo varejo requer sua inserção num contexto mais amplo do marketing, ou seja, os canais de marketing, definidos por Coughlan e colaboradores (2002:20) como "um conjunto de organizações interdependentes envolvidas no processo de disponibilizar um produto ou serviço para uso ou consumo".

Canais de marketing

Produtores ou fabricantes são todos aqueles envolvidos na extração, criação ou confecção de produtos. Rosenbloom (2002:77) afirma que, embora existam muitos tipos e tamanhos de empresas de produção e fabricação, "todas elas enfrentam as mesmas tarefas comuns para distribuir seus produtos aos usuários". Os canais de marketing estão por trás de todo produto ou serviço adquirido pelos consumidores.

Por que produtores e fabricantes não lidam diretamente com os consumidores finais? Por que existem os intermediários?

Coughlan e colaboradores (2002) explicam que, do lado da oferta, ou seja, do ponto de vista do produtor ou fabricante, as duas principais razões da existência dos canais de marketing são:

❑ a necessidade de *padronização das transações*;
❑ a *redução no número de contatos*, já que para a grande maioria dos produtores ou fabricantes seria inviável atender diretamente todos os consumidores de seus produtos.

Do lado da demanda, ou seja, do ponto de vista do usuário final, as duas principais razões da existência dos canais de marketing são:

❑ a *facilitação da busca* — já que para o consumidor seria muito difícil encontrar os produtos desejados se não houvesse intermediários;
❑ o *ajuste de discrepância de sortimento* — enquanto os fabricantes em geral produzem uma grande quantidade de um sortimento limitado de bens, o que os consumidores finais desejam é uma quantidade limitada de uma grande variedade de mercadorias. Assim, os intermediários criam, para o consumidor final, a utilidade de *posse*, de *tempo* e de *lugar*, por reunirem uma determinada seleção de produtos num determinado lugar e numa determinada época.

Muitos produtores e fabricantes não possuem nem experiência nem economia de escala e escopo para distribuir seus produtos diretamente aos usuários finais, algo que, na maioria dos casos, se revela difícil e ineficiente. Por isso os canais de marketing envolvem intermediários no atacado e no varejo, assim como agentes facilitadores especializados.

Os varejistas são os intermediários que fazem ligação direta com o consumidor final, dentro dos canais de marketing.

Levy e Weitz (2011) definem varejista como "um negociante que vende produtos e serviços de uso pessoal ou familiar aos consumidores", sendo "o último negociante de um canal de distribuição que liga fabricantes a consumidores", não importando, segundo Kotler (2000), como ou onde os produtos ou serviços são vendidos.

Conceitos básicos do varejo

Os varejistas são responsáveis pelo atendimento aos consumidores e devem colocar os produtos e serviços ao alcance deles, para melhor satisfazê-los. O varejo não é somente a venda de produtos em loja, mas abrange também a venda de serviços, como a entrega de uma pizza em domicílio, uma viagem de avião, o aluguel de uma fita de vídeo ou um corte de cabelo.

Eis as funções básicas dos varejistas, segundo Levy e Weitz (2011):

❑ *fornecer uma variedade de produtos e serviços* — isso permite que os consumidores escolham as marcas, os modelos, os tamanhos, as cores e os preços num único local;
❑ *dividir lotes grandes em pequenas quantidades* — em geral o varejista adquire produtos que vêm em lotes grandes, comprados de um fabricante ou de um atacadista. Como o varejista está interessado em atender os indivíduos, oferece-lhes produtos em quantidades que não mais estão vinculadas ao lote adquirido de seu fornecedor;
❑ *manter estoque* — essa função é essencial, porque os consumidores querem ter à mão os produtos quando deles necessitam; eles não precisam estocá-los em casa, pois sabem que sempre haverá uma loja à qual poderão recorrer para uma compra planejada ou emergencial. Vale lembrar que, para um varejista, manter estoque quase sempre quer dizer

investir em estoques e mobilizar capital de giro, além de ocupar uma área de loja significativa, o que envolve custos imobiliários e de manutenção;
❑ *fornecer serviços* — essa tarefa facilita a compra e o uso dos produtos pelos clientes. Há vários meios de se agregar serviço no varejo, por exemplo oferecer crédito, realizar entregas domiciliares, demonstrar produtos, preparar embrulhos bonitos para presente, fornecer explicações técnicas, realizar pequenos consertos e ajustes individuais, oferecer banheiros limpos, estacionamento ou qualquer outro serviço que proporcione conveniência ao cliente. Cada tipo de serviço tem um grau de importância e conveniência maior em cada tipo de negócio. Numa lanchonete em beira de estrada, por exemplo, um banheiro limpo e desinfetado representa um benefício valorizado pelo viajante, podendo mesmo levá-lo a preferir aquele estabelecimento a outros que ofereçam os mesmos produtos.

Exercendo essas funções, os negócios varejistas conseguem aumentar a percepção de valor de seus produtos e serviços. Além de satisfazer às necessidades, às expectativas e aos desejos dos consumidores, os varejistas têm outros três objetivos, segundo Berman e Evans (2010):

❑ atingir um determinado *volume de vendas*, o que significa ganhar participação no mercado, estabilidade e crescimento;
❑ atingir um determinado nível de *lucratividade*, necessário à compensação financeira dos proprietários ou acionistas do empreendimento;
❑ criar e manter uma *imagem* apropriada ao tipo de negócio em questão.

Para ter sucesso, um empreendimento de varejo deve oferecer o produto certo, ao preço certo, no lugar certo, à hora certa, e com isso obter lucro. Para tanto, precisa saber não só o que os clientes querem, mas também o que os concorrentes estão oferecendo agora e o que vão oferecer no futuro (Levy e Weitz, 2011).

A gama de decisões de um varejista estende-se desde a definição do preço de um copo de água mineral ou do tipo de guardanapo que o cliente vai usar até a construção de uma loja de centenas de milhares ou mesmo milhões de reais.

Mais do que em todos os negócios, o varejo requer a capacidade de enxergar tanto o todo como o detalhe, tanto a estratégia como a tática. Para ter êxito no varejo é preciso conviver diariamente com essa dicotomia, com naturalidade e agilidade. Não há nenhum espaço para a letargia nesse ramo de negócio.

Concluímos a conceituação de varejo ressaltando que marketing de varejo não é a mesma coisa que *trade marketing*. Este é um conjunto de ações realizadas pelo fornecedor visando, principalmente, aos próprios interesses, já que, especialmente no autosserviço, cerca de 85% das decisões de compra do consumidor são tomadas dentro do ponto de venda. Envolvem, geralmente, ações relacionadas à exposição dos produtos (*merchandising*), demonstração e, às vezes, também o esclarecimento de dúvidas do consumidor na loja.

O *trade marketing* é uma ação de marketing do fornecedor para atuar por meio do intermediário (o varejista), promovendo ações dentro do ponto de venda que incentivem a opção do consumidor por um determinado subconjunto de produtos. Não obstante as ações de *trade marketing* serem benéficas para o varejista e, muitas vezes, representarem um verdadeiro serviço para ele, essas ações objetivam, primordialmente, aumentar as vendas e a participação de mercado dos produtos específicos vendidos pelo respectivo fornecedor.

Já o marketing de varejo é o marketing realizado pelo varejista, visando aumentar as vendas, a participação de mercado e a percepção positiva *do seu empreendimento como um todo* — sua loja ou sua rede de lojas —, aumentando, também, a fidelidade de seus clientes (os consumidores). Não é objetivo do varejista privilegiar uma linha de produtos de um fornecedor em particular, muito embora ele também possa agir dessa forma se o desejar e, principalmente, se perceber vantagens financeiras. O varejo gerencia categorias inteiras de produtos, e não apenas de determinadas marcas. Além disso, cabe ao varejista aprovar ou não todas as ações de *trade marketing* que os fornecedores propuserem realizar dentro de sua loja, pois tem tal prerrogativa como proprietária do ponto de venda. Muitas vezes o varejista veta determinados tipos de ação, ou aprova mediante mudança no calendário, ou na mecânica da ação, e comumente cobra uma contrapartida financeira para tal autorização. Em outras palavras, muitas ações de *trade marketing* feitas pela indústria são realizadas mediante o pagamento de um "pedágio" para o varejista.

Este livro trata de marketing de *varejo* do ponto de vista do *varejista*, e não da indústria ou de outros fornecedores.

A seguir apresentamos um panorama do varejo, tanto no plano nacional quanto internacional, para que você possa compreender sua magnitude e principais características atuais.

Panorama do varejo

Panorama nacional

O Brasil passa por um momento muito positivo em sua história. Temos, hoje, fundamentos macroeconômicos sólidos, altos níveis de investimento estrangeiro, taxas de câmbio estáveis, perspectivas de crescimento a longo prazo, maior empregabilidade e maior distribuição de renda. O início da estabilidade econômica em 1994, a consolidação do real, a globalização, as fusões e a maturidade do mercado e dos consumidores foram alguns dos fatos que marcaram a economia brasileira e tiveram reflexos nos processos gerenciais das empresas. As principais mudanças operacionais do varejo demonstram que o segmento buscou ganhos de produtividade, oferecendo um serviço de melhor qualidade, otimizando a integração e o relacionamento entre fabricantes e fornecedores, reduzindo custos e ampliando a rentabilidade.

O modelo de relacionamento entre fabricante, fornecedor e varejo sofreu profundas transformações desde então. Antes trabalhava-se com preço, volume e prazo, ou seja, uma estratégia mais voltada para conceitos internos de gestão. Com a moeda estabilizada, a política comercial passou a priorizar aquilo que o cliente deseja comprar. A concorrência aumentou — e muito — em diversos setores. Os preços passaram a ser comparados em nível internacional. As margens de comercialização se reduziram em função do aumento do custo das mercadorias e da mão de obra, o que impôs ao varejo gastos adicionais.

Outro fator de suma importância que revolucionou a vida de fornecedores, varejistas e consumidores foi o advento do Código de Defesa do Consumidor (CDC), em 1990, que levou as empresas a dedicarem muito mais esforços ao aprimoramento da qualidade, da eficácia e do atendimento, resultando em um verdadeiro avanço na consolidação dos direitos dos cidadãos. Se por um lado o CDC veio ao encontro das exigências e necessidades do consumidor, por outro demandou novos investimentos em tecnologia, processos e serviços — para fabricantes e varejistas. Surgiram ferramentas de comunicação direta com consumidores, como ouvidorias, centrais de atendimento a clientes, sites de relacionamento e outros canais, buscando atender a reclamações, ouvir sugestões e interagir de modo a evitar problemas de imagem, que podem acarretar prejuízos à marca, aos produtos e às empresas.

A entrada de varejistas internacionais no Brasil tornou o mercado mais exigente, pois resultou na oportunidade de se conhecer novos produtos e serviços com melhor qualidade e tecnologia, o que obrigou os pequenos e médios varejistas a otimizar seu desempenho a fim de competirem em melhores condições, sob pena de sucumbirem diante da falta de infraestrutura e capacitação humana e financeira.

A maior integração e interação de varejo e indústria levaram ao desenvolvimento de novos conceitos de distribuição, logística e comercialização, proporcionando uma melhora acentuada na qualidade dos produtos e serviços oferecidos no mercado.

A estabilização monetária e o crescimento econômico permitiram ampliar o crédito e o financiamento para o varejo, principalmente com a entrada dos bancos oficiais fornecendo capital a juros menores que as instituições privadas. Com a queda da inadimplência, a entrada de novas instituições e melhor regulação do mercado de cartões de crédito e débito, reduziram-se as taxas, favorecendo o fluxo de caixa do varejista e permitindo maior investimento em estoques, maior capacitação de funcionários, automação no gerenciamento dos custos operacionais e maior controle administrativo. Também houve certa desoneração do consumo por meio de mecanismos como redução de IPI para segmentos de produtos diversos, surgindo daí a oportunidade da entrada de novos fornecedores de produtos e serviços alternativos.

De acordo com a Pesquisa Anual do Comércio (PAC) de 2008, do Instituto Brasileiro de Geografia e Estatística (IBGE), o comércio varejista no Brasil apresentou receita operacional líquida de R$ 576,8 bilhões naquele ano, quando reuniu 1,14 milhão de empresas e empregou 5,98 milhões de pessoas. Assim como o comércio atacadista, o comércio de veículos, peças e motocicletas não é considerado pelo IBGE comércio varejista, por isso não está incluído nesses números.[1]

Panorama internacional

No novo modelo de negócio do varejo internacional, os maiores conglomerados europeus introduziram uma série de práticas de gestão que, pela sua eficácia, estão sendo copiadas pelas empresas norte-americanas. Para evitar a concentração de poder, e ao mesmo tempo proteger as pequenas e médias empresas, alguns países europeus vêm adotando políticas de regulamentação de mercado. Eis algumas práticas dos varejistas europeus:

❏ modelo de negócio — diversificação de canais de venda e tipos de varejo; foco no produto e nas características geradoras de compra, tais como o valor percebido e o trinômio qualidade, funcionalidade e novidade;
❏ administração e gestão de produtos — ênfase nos aspectos tecnológicos e nos processos de informação e consolidação no estabelecimento de marcas próprias;
❏ gestão administrativa — ênfase na reestruturação de departamentos e na descentralização de decisões estratégicas;
❏ gestão de serviços — enfoque nos serviços como diferencial competitivo e de fidelização de clientes;
❏ administração e gestão de recursos humanos — incentivo à capacitação técnico-profissional, ao comprometimento e à motivação; oferta de participação nos lucros e sociedade no capital.

---

[1] A pesquisa completa está disponível em <www.ibge.gov.br>. Em maio de 2011, época da 4ª edição deste livro, a PAC de 2008 era a mais recente disponibilizada pelo IBGE.

As grandes organizações estão perdendo rentabilidade devido à saturação dos mercados e à concorrência predatória, que reduzem as margens operacionais e, consequentemente, a rentabilidade, fazendo com que a política de expansão internacional e de globalização seja mais cautelosa.

O varejo é o ramo de negócios que apresenta maior faturamento mundial — aproximadamente US$ 8 trilhões —, seguido somente do mercado financeiro. De cada 10 novos empregos criados nas economias desenvolvidas, mais da metade são na área varejista.

Nos últimos anos, diversos varejistas internacionais, como Wal-Mart, Carrefour, Tesco, Marks & Spencer e Sainsbury, entre outros, vêm revendo suas práticas em função de novos valores adotados pela sociedade de um modo geral: a responsabilidade social, o respeito ao meio ambiente e a adoção de boas práticas na produção. Algumas empresas têm também divulgado metas e compromissos relacionados, por exemplo, com a redução da emissão de gases de efeito estufa, cuidados com o descarte de detritos e resíduos, redução da produção de dióxido de carbono ("pegada de carbono") de suas lojas e plataformas operacionais.

A partir da crise internacional de 2008/09, a preocupação do varejo global com a sustentabilidade se tornou cada vez maior, com o objetivo de essas empresas melhorarem sua imagem, fortalecerem suas marcas e conquistarem a confiança da clientela, zelando, consequentemente, por sua perenidade e lucratividade. De acordo com pesquisa realizada pela Vision Research (companhia privada norte-americana que atua na área de pesquisa e análise de mercado) em 2008, o envolvimento em ações de cunho ambiental aumentou cerca de 40% entre 1999 e 2007. Se for considerado o período entre 1980 e 2007, o aumento chega a 100%.

O varejo brasileiro ainda tem muito a crescer, devendo buscar, nas boas práticas internacionais, novas soluções para sua modernização, sem falar da premência das mudanças estruturais que se fazem necessárias no país, visando a uma distribuição mais equânime da renda e à redução da pesada carga tributária que incide sobre o varejo. Também deve ser dada especial atenção aos aspectos de responsabilidade social e ambiental, além de o varejista buscar oferecer, cada vez mais, informações corretas e relevantes para os consumidores e processos mais "verdes" na cadeia de abastecimento. Como exemplos, observamos a significativa redução do uso de sacolas de plástico por vários supermercados e os esforços de grupos varejistas globais, como o Wal-Mart e Sainsbury. Estes introduziram critérios relacionados à sustentabilidade em suas listas de requisitos para compras e apresentaram essas propostas a seus fornecedores, sob a forma de adesão voluntária ou com exigências relativas a determinadas categorias de produtos — como os orgânicos, os *free range* (provenientes de animais criados ao ar livre) — ou à prática do *fair trade* (negócio justo).

Tendências do varejo

Muitas serão as transformações no varejo nas próximas décadas, e algumas delas já estão acontecendo. Vejamos as principais tendências do varejo apontadas por Parente (2000a).

Maior internacionalização

A globalização do varejo é um fenômeno recente; começou nos anos 1960 e intensificou-se no final daquele século. Dos 100 maiores varejistas do mundo, mais de 60 têm pelo menos uma operação fora de seu país de origem. Cerca de 77% das 200 maiores empresas varejistas do mundo são americanas ou europeias. No Brasil, temos bons exemplos de internacionalização do varejo, com a presença de grandes redes como o Wal-Mart, Carrefour, Leroy Merlin, McDonald's, Starbucks, L'Occitane, Zara, Makro e C&A, apenas para citar algumas. Além disso, inúmeras marcas franqueadas continuam chegando ao Brasil e se multiplicando, algumas com mais sucesso que outras. E várias marcas nacionais já estão aumentando sua presença no mercado externo, como H. Stern, O Boticário, Habib's e outras.

Ao estudarem o mercado internacional em que pretendem ingressar, as empresas de varejo devem avaliar quatro parâmetros: diferenças culturais; obstáculos à participação de empresas estrangeiras; adaptação de formatos e procedimentos; e relacionamento com fornecedores e parceiros locais.

Aumento da concentração no setor supermercadista

Um número cada vez mais reduzido de empresas (especialmente no setor supermercadista) concentrará, nos respectivos setores, uma grande fatia do mercado. No final de 1997, logo após o Plano Real, a soma da participação no mercado dos cinco maiores varejistas de supermercados era de 27%, tendo passado para aproximadamente 41% em 2009, segundo o *ranking* da Abras. Tal aumento de participação desses cinco primeiros no mercado foi resultado de grandes investimentos em aquisições de empresas menores e de abertura de novas filiais, visando principalmente ao ganho de poder de barganha e maior eficácia logística e operacional em geral. Tal medida foi necessária para compensar a grande perda de rentabilidade trazida pelo atual cenário da economia estabilizada, já que, na época da hiperinflação, os varejistas de grande porte tinham grande parte dos lucros provenientes de especulação de estoques e aplicações financeiras. No resto do mundo, esse percentual de concentração de mercado é ainda maior: 41% nos Estados Unidos, 43% na Itália, 45% na Argentina, 51% na Alemanha, 68% no Reino Unido, 69% no Canadá e impressionantes 83% na França.

Uma consequência natural do aumento da concentração do varejo é o incremento da adoção da estratégia de marcas próprias por parte das grandes redes. Marcas próprias são os produtos vendidos pelo varejista que levam uma marca de sua titularidade, não necessariamente a marca da loja, e disputam na prateleira com os produtos líderes da categoria, de marcas tradicionais. Como exemplos de marcas próprias do varejo, temos Carrefour, Extra, Aro (do Makro), Great Value (do Wal-Mart) e Taeq (do Pão de Açúcar). Normalmente, esses produtos são fabricados por indústrias especializadas no fornecimento de marcas próprias ou pelo vice-líder de mercado da respectiva categoria do produto.

As vantagens da adoção da marca própria para o varejista são muitas, entre as quais se destacam: o aumento da fidelização do cliente (pois é impossível encontrar aquele produto em outra rede de lojas concorrente); o aumento da margem de lucro (pelo fato de o varejista comprar tais mercadorias por um preço menor); o reforço da marca da loja na mente do consumidor; a valorização do preço cobrado pelos melhores espaços de exposição em gôndolas e, principalmente, a possibilidade de o varejista trocar de fornecedor sem que o consumidor perceba.

Os produtos de marca própria no Brasil representam, em média, 4,8% do total das vendas das lojas que as comercializam. Tal proporção ainda é tímida, se comparada a outros mercados. Na Suíça, por exemplo, a participação das marcas próprias nas vendas em valor é de 46%, seguida do Reino Unido com 43%,

Alemanha com 32% e Espanha com 31%. Na América Latina elas participam com 8% na Argentina, 7% no Chile e 5% no México. Nos Estados Unidos, os itens de marcas próprias representam, em valor, 17% das vendas. Como destaques temos a rede britânica Tesco, em que a marca própria representa mais de 50% das vendas, e a Stew Leonard's (o metro quadrado mais rentável do varejo alimentar norte-americano segundo o livro dos recordes, *Guinness Book*), em que a proporção da marca própria é de 70% de suas vendas.

A baixa qualidade dos itens oferecidos nos anos 1990 foi responsável por criar certa rejeição nos consumidores, um erro admitido pelas próprias redes de supermercado, que aprenderam e voltaram a adotar uma estratégia mais agressiva para ganhar mercado, dessa vez com muita qualidade. As marcas próprias, hoje, representam uma importante estratégia de negócios para os grandes supermercadistas brasileiros, com cerca de 65 mil produtos com marca própria no setor. No Carrefour, os preços das marcas próprias custam entre 15% e 35% menos do que os das marcas líderes. No Pão de Açúcar, a diferença varia de 10% a 25%.

Um importante cuidado a ser tomado na estratégia de marcas próprias é o rígido controle de qualidade dos produtos, além de uma estrutura organizada de atendimento aos consumidores com dúvidas ou problemas.

Maior poder do varejo

A relação de poder entre fornecedores e varejistas pende para estes últimos quando eles têm grande volume de compras e, consequentemente, poder de barganha. Muitos fornecedores se sentem pressionados e sufocados por imposições que vão desde as condições de fornecimento e a forma de abastecimento até os critérios de reajuste e a requisição de "enxovais" (mercadorias oferecidas gratuitamente para abastecer uma nova loja) ou mesmo de processos produtivos.

A "briga de foice" entre os grandes varejistas e seus fornecedores pode favorecer o consumidor, mas isso nem sempre ocorre. O varejista que consegue negociar bem pode optar entre repassar ao cliente as vantagens obtidas ou melhorar suas margens de lucro.

Diante do fenômeno da concentração do varejo, tornou-se muito mais vantajoso para a indústria trabalhar com redes médias e pequenas do que com as grandes redes. No passado, essas indústrias já tiraram proveito de uma grande dispersão no lado do varejo.

Parcerias e alianças com fornecedores

Deverão fortalecer-se as parcerias entre varejo e fornecedores. Tais alianças podem constituir significativa vantagem competitiva, já que é difícil oferecer menores preços aos consumidores sem contar com um canal de distribuição de baixo custo e elevado nível de eficiência. Desenvolveram-se os sistemas de resposta rápida (*quick response* — QR), conhecidos no varejo de alimentos como "resposta eficiente ao consumidor" (*efficient consumer response* — ECR), sistemas de logística integrados que só funcionam bem quando existe cooperação no canal de distribuição.

Existem muitas outras oportunidades de ações conjuntas entre fornecedores e distribuidores; por exemplo, a adaptação de alarmes nas embalagens de produtos com altos índices de furto e o fornecimento de materiais de *merchandising*.

Disputa pelos consumidores de baixa renda

As classes C e D oferecem oportunidades de crescimento para a indústria e o varejo, já que representam cerca de 50% da população economicamente ativa do Brasil. Diversos produtos vendidos nos supermercados tiveram seus tamanhos diminuídos para que a percepção do preço não afugentasse o consumidor mais sensível a esse fator. A maioria deles compra em dinheiro, tem o preço como fator decisivo e não é fiel a marcas, o que favorece o crescimento da participação no mercado de marcas de segunda e terceira linhas concorrendo com marcas líderes.

Polarização entre formatos e posicionamentos

Existe a tendência de polarização entre as *megastores* e as lojas especializadas, entre as lojas voltadas para preços baixos e as lojas com marcas fortes, bem como entre o comércio eletrônico e o atendimento personalizado.

A polarização entre os massificados e os especializados, segundo Parente (2000a:17), "cria dificuldades de posicionamento e traz novos desafios para as empresas de porte médio".

Outra tendência que vem sendo detectada é a polarização entre o varejo-emoção, o varejo-conveniência e o varejo-razão, conforme mencionado por Souza e Serrentino (2002:31). O cerne desse conceito relaciona-se às "decisões do consumidor sobre o que e onde comprar, assumindo que elas variam dependendo da motivação, do momento de compra e do destino dos produtos". O quadro 1 procura sintetizar o exposto.

Quadro 1
POLOS DE SEGMENTAÇÃO DE MERCADO

	Emoção	Razão	Conveniência
Atributos	Experiência de compra memorável	Preço, variedade e sortimento	Conveniência
Localização	*Premium*	Áreas menos valorizadas	Vai aonde o consumidor está
Comunicação	Valoriza atributos intangíveis e cria relações emocionais com a marca	Forte apelo promocional e em atributos racionais	
Formatos	Lojas especializadas, *megastores, indulgestores*	*Supercenters,* hipermercados, supermercados, lojas de sortimento limitado, *homecenters, category killers*	Catálogos, venda porta a porta, internet, televendas, quiosques, *TV home shoppings*
Exemplos	Sephora, Crate & Barrel, Saraiva Megastore, Disney Store, Niketown, Daslu, Empório Santa Maria, Fnac	Carrefour, Extra, Wal-Mart, Castorama, Leroy Merlin, Marisa	Amazon.com, Submarino.com, Shoptime, Natura, Avon, Dell

Fonte: Souza e Serrentino (2002:35).

Aumento da concorrência de formatos substitutos

Os varejistas precisam estar preparados para identificar seus verdadeiros concorrentes. Nem sempre são formatos iguais ao seu que disputam os mesmos clientes. As ameaças vêm de várias outras alternativas de concorrentes. Por exemplo: uma padaria pode concorrer com uma loja de conveniência, um supermercado pode concorrer com uma farmácia, e assim por diante, até as lojas virtuais, que concorrem com o varejo baseado em loja.

Tecnologia da informação

O uso de equipamentos de informática e de softwares de gestão possibilita reduzir custos e melhor atender às necessidades dos clientes. Ferramentas como código de barras, leitoras óticas, EDI, reposição contínua, planogramas computadorizados e etiquetas eletrônicas, entre outras, são realidade nos grandes e médios negócios de varejo. Devido ao barateamento das tecnologias envolvidas, algumas dessas ferramentas já começam a ser usadas também pelo pequeno varejista.

Graças à informática, o varejista pode tomar decisões mais rápidas e reduzir o tempo gasto com tarefas de controle e retaguarda, possibilitando a alocação de seu pessoal na frente da loja, junto ao cliente.

Valorização das pessoas empregadas no varejo

Mais do que nunca, os varejistas agora percebem que o que diferencia o varejo é o serviço, que, na maioria das vezes, é prestado não por máquinas, mas por seres humanos. Estes precisam de reconhecimento e programas de capacitação profissional. Muitas empresas, segundo Pacanowski (2003), exigem formação de nível universitário para várias funções e investem cada vez mais em atividades de treinamento cujo objetivo é fazer o indivíduo pensar e compreender, e não apenas memorizar. Não há como conferir maior autonomia a um colaborador que não desenvolveu sua capacidade crítica e apenas decorou o procedimento de tarefas rotineiras.

Novos formatos e composições varejistas

Formatos que não existiam há 30 anos, como lojas de conveniência e hipermercados, estão hoje consolidados. Novos formatos podem continuar a surgir, pois criatividade é o que não falta no varejo. Uma tendência atual é o desenvolvimento de parcerias entre formatos diferentes, no modelo *store-in-store* (loja dentro de loja), como lanchonetes em livrarias e locadoras de vídeo ou farmácias em supermercados.

Em ações de *co-branding* ou *store-in-store* predominam as parcerias entre marcas que atinjam um mesmo perfil social, para não interferir no posicionamento de modo a afugentar a clientela de ambas as marcas. Um exemplo interessante é o do grupo Visão, em Belém, que reunia *corners* de inúmeras marcas em sua loja de departamentos. Percebendo que o consumidor de grifes não é propenso a comprá-las quando elas estão junto às mercadorias mais populares, a Visão manteve as marcas menos elitizadas, como Marisol, Olympikus e Lilica Ripilica, transferindo as marcas de classe A, como Lacoste e Brooksfield, para lojas com aparência de independentes, localizadas em espaço contíguo ao da loja de departamentos, no qual a área de circulação se parece com o *mall* (corredor) do shopping. Na realidade, toda essa área pertence à Visão, mas não aparenta estar ligada à loja de departamentos. Formou-se um verdadeiro "shopping dentro do shopping", em iniciativa de grande sucesso.

Expansão do varejo sem lojas

Têm crescido bastante os programas de venda pela TV, como os do canal Shoptime, e as vendas porta a porta, como fazem a Natura e a Avon. As máquinas automáticas de venda (*vending machines*) também se multiplicaram, servindo agora para outros produtos que não os tradicionais refrigerantes e salgadinhos, por exemplo livros ou artigos de higiene pessoal.

Varejo eletrônico

A internet tem se consolidado como um importante canal de vendas. Os avanços tecnológicos possibilitam vencer as barreiras de tempo e espaço. Para o consumidor, é muito conveniente poder fazer uma compra no horário que lhe aprouver. No Brasil, uma condição indispensável para o crescimento do varejo virtual é o número de computadores instalados nas residências, o qual ainda é bastante inferior ao dos países mais desenvolvidos. Nenhum país latino-americano figura no *ranking* dos 25 com maior percentual de computadores domésticos. A Noruega é o país onde há, proporcionalmente, mais computadores nas casas dos consumidores.

Além disso, os consumidores ainda valorizam coisas simples, como ver, tocar ou provar o produto que estão comprando. Tudo indica que o canal de vendas pela internet será mais eficiente se for complementado por um meio não virtual. Nesse novo cenário, as lojas tradicionais norte-americanas estão se transformando em grandes *showrooms* da marca. É importante proporcionar experiências prazerosas e inesquecíveis, difíceis de serem imitadas no mundo virtual. A loja deve ser encarada como um grande teatro sensorial do consumo, utilizando-se sons, aroma, luz e movimento para envolver inteiramente o consumidor.

Expansão do varejo de serviços

Haverá crescimento do varejo de serviços, não só devido à escassez de tempo das pessoas e à dificuldade de obter mão de obra qualificada a baixo custo, mas também porque as pessoas querem preencher seu tempo livre com atividades de lazer. Elas buscam solução e conveniência. Como exemplos, temos as oficinas de automóveis mais modernas, as lavanderias, os salões de cabeleireiros, as academias de ginástica, as lojas de serviços fotográficos e os serviços de entrega domiciliar.

Maior foco no cliente e no marketing de relacionamento

A tecnologia possibilita aos varejistas desenvolverem um relacionamento mais individualizado com o cliente, uma vez que passam a conhecer melhor seus hábitos, costumes e comportamento de compra.

Um fenômeno recente é o grande crescimento das redes sociais, como Facebook e Twitter. Com todo esse sucesso e mais pessoas aderindo à novidade, as empresas começaram a perceber que as redes sociais são uma valiosa ferramenta de publicidade, com retornos muito expressivos. Muitos varejistas contam com colaboradores voltados especificamente para a comunicação nessas redes, buscando se firmar nesse novo mercado e saber o que estão falando sobre sua marca ou produto.

Mudanças no comportamento do consumidor

A grande maioria dos consumidores não dispõe de muito tempo para fazer compras e, muito menos, ficar em filas. Os negócios varejistas precisam considerar isso ao planejar o número de seus funcionários, a praticidade de suas instalações e sinalização, assim como seu horário de funcionamento.

Ao mesmo tempo que busca conveniência, o consumidor, muitas vezes, tem baixa autoestima e está estressado com sua rotina diária, valorizando o varejo que propicie o encontro entre as pessoas e o lazer, o que faz com que esse segmento de negócio seja concorrente até das opções de entretenimento.

As pessoas buscam a socialização para reagir ao processo de isolamento causado por um cenário tão competitivo. Surgem assim as lojas que Souza e Serrentino (2002:55) chamam de *indulgestores*, destinadas à autogratificação, nas quais o consumidor é estimulado a "cuidar-se mais, curtir-se mais e *ser* mais em vez de produzir, ter, competir e desafiar". A valorização do *ser* em detrimento do *ter* leva as lojas a *proporcionar experiências* aos consumidores, em vez de fornecer-lhes apenas produtos ou serviços.

A partir do conceito de *indulgestore*, têm surgido novos tipos de loja que procuram atrair uma determinada clientela por intermédio de seu estilo de vida. No exterior, entre vários exemplos podemos citar a Roasting Plant, marca criada em Nova York, em 2007, cujo diferencial é a oferta de dezenas de tipos de grãos de café, que o cliente escolhe, combina, cria o *blend* e, após a compra, são processados, torrados e preparados à vista do cliente por um enorme equipamento chamado *roasting plant javabot*®. Essa máquina envolve um labirinto de enormes tubos transparentes com pressão pneumática e está preparada para oferecer café comum ou expresso, com ou sem cafeína. O sucesso tem sido enorme em razão da variedade, do frescor, da qualidade dos cafés e da originalidade, mas também pelo entretenimento com todo o processo e atendimento personalizado. No Brasil, no ramo de vestuário temos o exemplo da grife Reserva, que atrai o nicho de consumidores voltados para o conceito de *lifestyle* contemporâneo ("casual descolado"). Nessa rede de lojas o cliente pode, com a ajuda de profissionais especializados nas últimas tendências da moda internacional, combinar as diversas peças de roupa para serem utilizadas em diferentes ocasiões.

Expansão do sistema de autosserviço

O sistema de autosserviço é uma tendência que se expande em vários ramos de varejo, pois frequentemente possibilita a redução do número de funcionários e também a maior interação do consumidor com o produto, o que costuma elevar o valor de suas compras. A rede de lojas O Boticário mudou seu conceito de atendimento ao eliminar o balcão de suas lojas, obtendo, assim, um aumento médio de 20% nas vendas. A existência de balcões que criam obstáculos entre o consumidor e o produto é um fator desestimulante para a decisão de compra, principalmente no caso das compras por impulso.

Mudanças nas características do mercado brasileiro

O mercado brasileiro é, hoje, muito diferente do que era há algumas décadas. A presença das mulheres no mercado de trabalho, o número de casais sem filhos ou que os têm mais tarde, o aumento da expectativa de vida, o desenvolvimento das cidades do interior, a maior atenção às questões de saúde e bem-estar, tudo isso são mudanças concretas que deverão intensificar-se ainda mais nos próximos anos.

Crescimento e fortalecimento dos shopping centers

Os shopping centers estão aumentando sua fatia no mercado de varejo brasileiro. As redes de varejo estão preferindo abrir a maioria de suas lojas nesses locais, embora o custo operacional seja mais alto e o faturamento nem sempre aumente na mesma medida. O consumidor que prefere comprar em shoppings o faz por conforto, comodidade, segurança e praticidade, mas quer ter certeza de que não pagará muito mais por isso.

Crescimento e fortalecimento das franquias

Nos Estados Unidos, analistas da International Franchise Association (IFA) estimam que o sistema movimente mais de

US$ 1,5 trilhão em vendas por ano, a partir de 768 mil negócios de diferentes portes, categorizados em 75 ramos de atuação, empregando mais de 8 milhões de pessoas e representando mais de 50% das vendas do varejo. Naquele país uma nova unidade franqueada é aberta a cada oito minutos, e aproximadamente um entre 12 estabelecimentos comerciais opera sob o sistema de *franchising*.

No Brasil, de acordo com dados referentes a 2010 fornecidos pela Associação Brasileira de Franchising (ABF), existem 86.365 estabelecimentos operados por franquias de negócios formatados (*business format franchise*), com 1.855 marcas franqueadoras. Juntos, esses negócios geraram 777 mil empregos diretos e movimentaram R$ 76 bilhões.

O Departamento de Comércio norte-americano, de acordo com a IFA, afirma que, de todos os negócios independentes, cerca de 65% fecham antes de completar cinco anos de vida, ao passo que, no sistema de *franchising*, menos de 5% fecham nesse mesmo período.

De acordo com pesquisa realizada pelo Serviço Brasileiro de Apoio à Micro e Pequenas Empresas (Sebrae), 49,9% dos negócios independentes fecham suas portas antes de completar dois anos de existência, 56,4% antes de três anos e 59,9% antes de quatro anos.[2] A pesquisa afirma que os motivos predominantes do insucesso dessas empresas são, segundo depoimento de seus ex-proprietários, a falta de capital de giro, a carga tributária elevada, a falta de clientes, a concorrência, o baixo lucro e a má localização da empresa, entre outros. Já no sistema de franquias, menos de 6% dos novos empreendimentos fecham antes de completar dois anos.

---

[2] Cf. boletim *Fatores condicionantes e taxa de mortalidade de empresas no Brasil*, Sebrae, 2004.

Segundo o estudo "Franquia empresarial no Brasil: relacionamento franqueador-franqueado", realizado pela Fundação Instituto de Administração (FIA), os franqueados consideram a marca seu maior benefício e 82,5% se dizem satisfeitos ou muito satisfeitos com seus negócios. Entre os franqueados, 18,5% apontam que ter um negócio com reconhecimento de mercado é uma chance a mais de obter sucesso.

Além da reputação da marca, Cherto e colaboradores (2006) lembram que são grandes vantagens para o franqueado o acesso aos métodos e processos já testados e comprovados, o suporte da franqueadora e a possibilidade de o franqueado aproveitar-se de ações de marketing mais amplas e profissionais do que teria condições de realizar individualmente em um negócio independente.

2

Formatos de varejo

Os negócios de varejo podem ser classificados de várias maneiras, porém aqui adotaremos a seguinte:

❑ varejo com loja — por tipo de mercadoria, por nível de variedade e sortimento, por nível de serviços, por nível de preços e pelo tipo de propriedade ou relação com outras organizações;

❑ varejo sem loja.

Terminologia

Variedade ou amplitude é o número de categorias, subcategorias e segmentos de produtos oferecidos por um varejista. Uma perfumaria tem variedade estreita, enquanto um hipermercado tem ampla variedade.

Sortimento ou profundidade é o número de itens diferentes em uma categoria de mercadoria, incluindo, por exemplo, diferenças de marcas, fragrâncias, cores, tamanhos e tipos. Um mesmo tipo de negócio pode optar por oferecer baixo sortimento ou profundo sortimento.

SKU (*stock keeping unit*) significa unidade de manutenção de estoque. Um posto de abastecimento de combustível pode trabalhar com apenas quatro SKUs (gasolina comum, gasolina aditivada, álcool e diesel), mas um hipermercado pode trabalhar com 60 mil SKUs. Enquanto o primeiro tem apenas quatro tipos de produto para comprar, armazenar, vender e controlar, o segundo tem de gerenciar dezenas de milhares de itens de estoque. Note-se que qualquer diferença na mercadoria, por exemplo o tamanho da embalagem, mesmo sendo da mesma marca, já representa outra SKU.

Classificação das instituições de varejo com loja

As instituições de varejo com loja podem ser classificadas de várias maneiras. Vejamos, separadamente, cada uma delas.

Pelo tipo de mercadoria

Essa é a classificação mais simples, pois refere-se ao ramo de atuação. Nos Estados Unidos, por exemplo, a Agência do Censo tem um esquema de classificação próprio, denominado classificação industrial padrão (*standard industrial classification* — SIC), que divide o varejo em oito categorias, por sua vez desdobradas em subcategorias. A Agência do Censo fornece, periodicamente, informações econômicas sobre cada ramo e sobre o varejo em geral. Em alguns casos, as diferentes categorias comercializam mercadorias similares, porém com outro arranjo de varejo.

Pelo nível de variedade e sortimento

O nível de variedade ou amplitude e o nível de sortimento ou profundidade podem, respectivamente, ser classificados como baixo, médio ou alto, dependendo do tipo de formato varejista. Uma grande loja especializada em brinquedos, por exemplo, pode trabalhar com 10 mil SKUs e ter baixo nível de variedade e profundo sortimento, já que todas as suas mercadorias são brinquedos. Uma loja tradicional de descontos (ou loja de variedades) pode oferecer o mesmo número de SKUs, mas ter ampla variedade e sortimento baixo. O número de SKUs não é indicativo do nível de variedade ou sortimento.

Pelo nível de serviços

O nível de serviços está relacionado com a qualidade e a conveniência do atendimento ao cliente, podendo ser classificado como baixo, médio ou alto. O serviço pode ser um atendimento altamente especializado, a entrega de produtos em domicílio, o ajuste do produto conforme as características individuais do cliente, requintados embrulhos para presente, estacionamento, facilidades de crédito, local para troca de fraldas de bebês ou até um banheiro sempre limpo e bem-cuidado. Alguns tipos de serviço podem ser cobrados separadamente, porém os varejistas que atendem consumidores orientados por serviço oferecem a maioria desses serviços gratuitamente.

Pelo nível de preços

O nível de preços depende do posicionamento pretendido pela loja, de seus objetivos de margem de lucro e de seu poder de negociação. Quando um varejista tem custos enxutos e grande escala de compras, certamente pode optar entre repassar esse benefício ao consumidor, tornando-se mais competitivo, ou colher maiores lucros.

Pelo tipo de propriedade ou relação com outras organizações

Os tipos de propriedade ou relação com outras organizações podem ser assim classificados: estabelecimentos independentes com uma só loja; redes corporativas; associativismo e cooperativas de varejo; departamentos alugados; e franquias.

Estabelecimentos independentes com uma só loja

Esse tipo de negócio costuma ter capital de origem familiar, sendo consequência da extensa atividade empreendedora que o varejo atrai e possibilita. Na maioria dos casos não há maior sofisticação gerencial ou tecnológica. O poder de decisão dos sócios é total, porque podem implantar tudo o que desejarem, desde que dentro de suas condições orçamentárias. Esse tipo de loja costuma ser administrado diretamente pelos proprietários. O fato de serem eles que se encarregam das compras e vendas e do contato direto com os consumidores torna a loja mais ágil na resposta às necessidades dos clientes. Os aspectos negativos são a pequena escala de compras e a dificuldade de visibilidade publicitária.

Redes corporativas

Uma rede corporativa de varejo é constituída por lojas de propriedade de uma única empresa ou de um mesmo grupo controlador, ficando todas elas sob a mesma direção.

Para alguns autores, como Las Casas (2006), esse tipo de varejo tem, no mínimo, quatro lojas. Tais redes costumam estar espalhadas em diversas regiões e têm a vantagem de conseguir economia de escala não só em compras, mas também em propaganda, tecnologia, logística e pesquisa de marketing.

Sua desvantagem geralmente relaciona-se com a dificuldade no controle da rede e com a menor agilidade na adequação às diferentes características de mercado de cada loja.

Segundo Parente (2000a), pesquisa da AC Nielsen sobre a estrutura do varejo brasileiro mostra que 7% das lojas de varejo de alimentos do tipo autosserviço são cadeias corporativas que respondem por 52% das vendas do setor.

Associativismo e cooperativas de varejo

A iniciativa do associativismo costuma partir de empresários de visão e de um mesmo ramo de atividade que esperam, ao unir suas forças, poder competir em melhores condições com as grandes empresas. No início, normalmente essa união visa conseguir melhores negociações com a realização de compras conjuntas. Com o tempo, percebem-se outras oportunidades de vantagem. Para tanto, porém, esses empresários precisam abolir duas crenças que estão arraigadas na cultura empresarial brasileira: "o segredo é a alma do negócio" e "meu concorrente deve desaparecer". Tais crenças criam enormes obstáculos à união entre concorrentes.

O associativismo tem crescido muito no Brasil. O sucesso das primeiras experiências de redes associativas de varejo impulsionou iniciativas semelhantes em áreas como farmácias e drogarias, material de construção, açougues, panificadoras, supermercados e autopeças. Como exemplos, temos as redes Cityfarma, Multimarket, a Rede Construir e a Redeconomia de Supermercados, apenas para citar algumas. Adotando uma mesma identidade visual, políticas conjuntas de promoção e de marketing, além de centrais de compras ou de negociação, as redes associativas representam uma iniciativa ousada do pequeno varejo para fazer frente à globalização e à concentração atualmente observadas em alguns ramos do varejo, notadamente o de supermercados.

Os tipos mais comuns de associação existentes no mercado são:

❏ *associações voluntárias, formadas por varejistas independentes* — nesse caso, um grupo de varejistas monta uma instituição que servirá como uma *central de compras*, realizando negociações em nome de todo o grupo, com grande poder de barganha. Se houver outras iniciativas de interesse comum, o que dependerá do profissionalismo, da união e da organização interna dos associados, esse tipo de associação passará a atuar como uma *central de negócios*, pois ampliará o foco de sua atuação coletiva, antes restrita a compras conjuntas. Tais iniciativas podem incluir o compartilhamento do marketing, do treinamento do pessoal, da logística e distribuição, das ferramentas de gestão, do comércio eletrônico e até do cartão de crédito com marca própria;

❏ *associações voluntárias formadas por um atacadista* — um atacadista cria uma rede de varejistas independentes que, voluntariamente, aderem à associação para obter melhores condições de compra e apoio mercadológico e tecnológico. Os maiores exemplos são a rede Smart, desenvolvida pelo grupo atacadista Martins em 2000, que hoje reúne mais de 1.200 integrantes e fatura cerca de R$ 4 bilhões por ano, e a rede Valor, do grupo atacadista Peixoto, com 205 pontos de venda e faturamento anual de R$ 905 milhões.

Configura-se o cooperativismo — caso particular do associativismo — quando formalmente se constitui uma cooperativa, que, no Brasil, é regida por legislação específica, a qual dispõe que somente pessoas físicas podem constituir uma organização desse tipo.

Existem cooperativas de trabalho (como a Unimed, de serviços médicos), de motoristas de radiotáxi (como a Coopertramo) e cooperativas de agricultores, que se unem para comprar sementes e defensivos agrícolas, bem como para organizar a venda da produção do grupo no mercado. O tipo de cooperativa que melhor se adapta ao caso do varejo é a *cooperativa de propriedade de consumidores*, que montam um determinado tipo de loja não com o objetivo de lucro, mas para que possam comprar mais barato como clientes. Exemplos são a Cooperativa de Consumo dos Funcionários do Banco do Brasil no estado de São Paulo, a Cooperativa de Abastecimento de Santo André e a maior cooperativa de consumidores dos Estados Unidos, a Recreational Equipment Inc. (REI), que vende calçados, vestuário e acessórios para esportes de aventura.

Departamentos alugados

Caracteriza-se esse tipo de propriedade quando uma determinada empresa aluga, opera e gerencia um departamento dentro de uma loja. Incorpora o conceito de *store-in-store* ou *corners*, quiosques dentro de lojas ou seções, mesmo sem divisórias, dentro de alguma loja de departamentos. A vantagem para o locador é poder implantar em seu negócio uma seção ou departamento altamente especializado, que tem mais chances de dar certo se ficar por conta de quem realmente entenda do assunto e tenha uma marca reconhecida. A vantagem para o inquilino é "pegar carona" na localização privilegiada e poder vender para a clientela do locador, tendo muito menos preocupações com infraestrutura do que num espaço independente. O aluguel pode ser um valor fixo ou, o que é bastante comum, um percentual sobre as vendas. Essa composição pode ocorrer numa loja tradicional, como a Casa do Pão de Queijo ou o Café Baroni, dentro da Saraiva Megastore, e a Mister Pizza, dentro da BR Mania.

Franquias

A franquia ou *franchising* é um sistema de parceria empresarial no qual uma empresa franqueadora concede a terceiros, mediante remuneração, licença de uso de sua marca e conhecimento de operação de negócio que foi previamente testado e demonstrado como eficiente. O franqueador é aquele que concede a marca e proporciona suporte e controle. O franqueado é aquele que recebe a licença, paga as taxas e assume o compromisso de operar o negócio nos padrões preestabelecidos contratualmente.

Existem vários pontos em comum entre o *franchising* e o associativismo, tais como a possibilidade de realizar compras em grupo, o compartilhamento de informações e o rateio de campanhas publicitárias que beneficiam toda a rede. Mas também existem importantes diferenças: a marca não é de propriedade da associação, e sim da empresa franqueadora; existe um líder pré-escolhido numa rede de franquias — o franqueador, que idealizou e desenvolveu o sistema; e, mesmo havendo um conselho de franqueados, o que é usual em várias redes, ele tem natureza consultiva e não deliberativa.

A empresa franqueadora pode ser remunerada na assinatura do contrato, por meio de uma taxa inicial, e, após a inauguração da franquia, por meio de taxas mensais, comumente conhecidas como *royalties*, que, na maioria dos casos, correspondem a um percentual das vendas da unidade franqueada.

Para que uma empresa se torne franqueadora é necessário haver uma base sólida e uma formatação profissional realizada previamente. Ou seja, devem-se reunir todos os elementos do negócio, refletindo toda a experiência operacional acumulada pelo franqueador, numa forma passível de ser transmitida e que atenda a todos os requisitos legais.

Segundo Mendelsohn (1994), o *franchising* é bem mais do que simplesmente obter ou conceder permissão para pôr uma marca conhecida na fachada de um determinado estabelecimento. Após a inauguração da franquia, têm enorme importância os serviços contínuos do franqueador, tais como os sistemas de acompanhamento de campo, pesquisa e desenvolvimento, a gestão da propaganda cooperada, a procura de fornecedores alternativos, a negociação de melhores condições de compras e o aprimoramento de sistemas de gestão do negócio franqueado.

Plá (2001) menciona a importância de um sistema de supervisão e consultoria de campo bem-estruturado, com profissionais altamente preparados e com habilidade interpessoal para ganhar a simpatia e a confiança dos franqueados.

Por outro lado, o franqueado também tem várias obrigações, já que, de acordo com Bernardino (1994), a franquia é uma via de mão dupla. São deveres do franqueado: participar do programa de treinamento; gerenciar a unidade franqueada do ponto de vista operacional e administrativo; aceitar todas as instruções e determinações do franqueador no que tange a instalações, equipamentos, operação e controles em geral; manter sigilo de todo o *know-how* e tecnologias; e, por fim, cumprir as obrigações contratuais, incluindo o pagamento de *royalties* e taxa de propaganda ao franqueador.

O *franchising* é uma estratégia de negócios que oferece grande potencial de crescimento para uma empresa varejista interessada em expandir-se.

De acordo com Cherto (1988), em comparação com a estratégia de crescer exclusivamente com a abertura de lojas próprias ou filiais, o *franchising* apresenta as seguintes vantagens para o franqueador: rapidez na expansão, alta motivação dos administradores das lojas, maior garantia de mercado para os produtos e serviços, fortalecimento da marca, menor envolvimento nos problemas cotidianos das lojas, muito menos problemas de natureza trabalhista, possibilidade de compras em escala, redução de custos, ganho de participação no mercado e cobertura geográfica, maior força publicitária e descentralização operacional e administrativa. Suas desvantagens são: perda parcial de controle e menor liberdade na tomada de decisões, risco de perda de sigilo, risco de seleção de franqueados inadequados, necessidade de um planejamento de expansão que considere o território de cada franqueado, restrições relacionadas a outros canais de distribuição, maior chance de perda de padronização e, por fim, lucros inferiores àqueles que o franqueador teria se a loja franqueada fosse de sua propriedade.

Concluída a classificação do varejo com loja, passemos a seus diversos formatos.

Formatos de varejo com loja

Os formatos de varejo com loja podem ser categorizados em varejo de alimentos e varejo de mercadorias em geral, cada um com suas subcategorias, conforme discriminamos a seguir.

Varejo de alimentos

No ramo de varejo alimentício incluem-se bares, mercearias, feiras livres, padarias, hortifrútis, minimercados, lojas de conveniência, lojas de vizinhança (ou lojas de sortimento limitado), supermercados e superlojas. A seguir comentaremos alguns desses formatos.

Lojas de conveniência

Essas lojas comercializam alimentos e artigos de conveniência ou emergenciais, geralmente para consumo imediato, em locais de acesso e visibilidade privilegiados e com margens de lucros mais altas. No Brasil, pertencem, em sua maioria, a companhias distribuidoras de combustíveis, como é o caso da Select (Shell), BR Mania (BR Distribuidora), AM/PM (Ipiranga) e outras. Segundo o Sindicato Nacional das Empresas Distribuidoras de Combustíveis e de Lubrificantes (Sindicom), a revenda de combustível nos postos que incorporam o conceito chega a ser 15% maior. No Brasil, esse tipo de loja costuma trabalhar com 400 a 500 SKUs (itens de estoque), resumindo suas vendas a itens de lanchonete, bebidas e publicações, como revistas e jornais, já que a venda de muitos outros itens não apresentava rentabilidade suficiente. Aconteceu o inverso nos Estados Unidos, onde essas lojas aumentaram em tamanho e em variedade de produtos.

Lojas de vizinhança ou lojas de sortimento limitado

Esse tipo de loja tem foco em preço e no relacionamento mais estreito com a comunidade. Costuma ter até 400 m² e não possui muitos itens de perecíveis nem variedade de marcas. Seu maior exemplo é a rede alemã Aldi. No Brasil, já foi representada em São Paulo, na década de 1980, pelo Mini Box, do grupo Pão de Açúcar; depois, esse formato desapareceu. Desde 2002, voltou a surgir no Brasil com a marca Dia %, originada na Espanha e hoje de propriedade do Carrefour. A rede Dia %, que cresce por meio do sistema de franquias, tem cerca de 1.700 SKUs, sendo aproximadamente 30% de marca própria, e é a maior rede mundial de mercadinhos de bairro voltados para as classes C e D, com preços 15% inferiores aos da concorrência, em média.

Supermercados compactos

Esse formato, com área de 300 a 700 m² e voltado para o atendimento do dia a dia do cliente, opera com cerca de 4 mil

SKUs, normalmente possui de dois a seis *check-outs* e oferece um *mix* de produtos que inclui os perecíveis. Há uma pequena área de hortifrútis, açougue, frios e laticínios. São supermercados de administração familiar, muito tradicionais, geralmente instalados em bairros mais afastados do centro das cidades. Quase todos esses negócios compram suas mercadorias em atacadistas por não terem volume suficiente para adquiri-las diretamente das indústrias.

Supermercados convencionais

São lojas de porte médio, com autosserviço, que vendem, principalmente, itens alimentares e oferecem boa variedade de produtos. Existem no país cerca de 3 mil unidades desse modelo de loja, que representam 1/4 do varejo de alimentos. Costumam ter área de 700 a 2.500 m^2, comercializam aproximadamente 2.500 SKUs, vendem até 6% de itens não alimentares e possuem de sete a 20 *check-outs*.

O foco dos supermercados convencionais pode ser em preço, em atendimento ou em variedade, além da sofisticação ou não da própria loja. Uma mesma rede pode ter lojas com características e estilos distintos, conforme as variáveis citadas e o público que pretende atingir.

Superlojas

São supermercados de maior porte, com área de 3 mil a 5 mil metros quadrado, que operam com cerca de 14 mil SKUs, em que as vendas de itens alimentares representam cerca de 12% e o número de *check-outs* varia entre 25 e 36. Embora tenha uma área de vendas muito grande, em razão de diferença no *mix* de produtos a superloja não é caracterizada como hipermercado. A principal diferença está no *mix* restrito da área de bazar, pois não comercializa itens eletroeletrônicos (linhas branca e marrom) como os hipermercados. Vende eletroportáteis e algumas categorias de produtos têxteis, como cama, mesa e banho. Existem, no Brasil, aproximadamente 400 superlojas de alimentos.

Para o leitor interessado em conhecer outros números sobre o setor supermercadista brasileiro, recomendamos uma consulta ao site da Associação Brasileira de Supermercados (Abras): <www.abrasnet.com.br>.

Vistos os formatos de varejo no ramo alimentar, passemos aos formatos de varejo tradicional, no ramo de mercadorias em geral.

Varejo tradicional de mercadorias em geral

Esse formato de varejo inclui as lojas tradicionais especializadas, as lojas de departamentos e as lojas *tradicionais* de descontos (ou lojas de variedades). Nas últimas décadas surgiram novos formatos, tais como os especialistas de categoria, as lojas de materiais, as lojas de desconto, os clubes de atacado e os hipermercados.

O quadro 2 resume as características de cada um desses formatos, utilizando os atributos apresentados para a classificação dos formatos de varejo.

Lojas de departamentos

As lojas de departamentos de linha completa operam em áreas com mais de 6 mil metros quadrados, com ampla variedade, profundo sortimento e bom nível de serviço ao cliente. São estruturadas em departamentos, cada qual administrado como uma unidade estratégica de negócios, em que o gerente decide sobre as compras, vendas e promoções, sendo avaliado conforme os resultados do departamento (Parente, 2000a).

Quadro 2
CARACTERÍSTICAS DOS FORMATOS DE VAREJO TRADICIONAL DE MERCADORIAS EM GERAL

Tipo	Variedade	Sortimento	Nível de serviço	Nível de preços	Tamanho	Quantidade de SKUs	Exemplos
Lojas de departamentos de linha completa	Ampla	Profundo para médio	Médio para alto	Médio para alto	6.000 a 19.000 m²	100 mil	❏ Brasil: antigas Mesbla e Mappin ❏ EUA: Sears, JCPenney
Lojas de departamentos de linha limitada	Média	Profundo para médio	Médio para baixo	Médio para baixo	4.000 a 6.000 m²		❏ Brasil: Lojas Renner, Riachuelo, Bemol, Pernambucanas, Esplanada
Lojas tradicionais de descontos ou lojas de variedades	Ampla	Médio para baixo	Pouco	Baixo	5.600 a 7.400 m²	25 mil a 30 mil	❏ Brasil: Lojas Americanas, Casa & Video ❏ EUA: Wal-Mart tradicional, Target
Lojas tradicionais especializadas	Pequena	Profundo	Alto	Alto	30 a 1.100 m²	5 mil	❏ Brasil: O Boticário, Forum, Kopenhagen, Richard's, Mr. Cat
Especialistas de categorias ou *category killers*	Pequena	Muito profundo	Pouco	Baixo	4.600 a 11.100 m²	25 mil a 40 mil	❏ EUA: Toys "R" Us, Staples, Office Depot, CompUSA, Bed Bath & Beyond
Clubes de atacado	Média	Baixo	Pouco	Muito baixo	5.000 a 12.000 m²	5 mil	❏ Brasil: Makro, Sam's Club
Hipermercados	Ampla	Médio	Pouco	Baixo	7.000 a 16.000 m²	60 mil	❏ Brasil: Carrefour, Extra, hipermercado Wal-Mart, Bon Marché, Bompreço
Lojas *off-price*, ponta de estoque e lojas de fábrica	Média	Profundo mas variante	Pouco	Baixo	2.300 a 3.700 m²	100 mil	❏ Brasil: Vila Romana

Fonte: Adaptado de Levy e Weitz (2011).

Nos Estados Unidos, para ser classificado como loja de departamentos pela Agência do Censo, o estabelecimento precisa atender a vários quesitos: ter no mínimo 25 funcionários; vender mercadorias secas, itens de utensílios domésticos, vestuário familiar, mobília residencial, acessórios e aparelhos de TV; não ter mais do que 80% de suas vendas provenientes de uma única categoria de mercadoria ou ter vendas acima de US$ 1 milhão nas duas categorias menores (Levy e Weitz, 2011). Como se vê, é uma classificação bastante restritiva.

No Brasil, lojas de departamentos de linha completa, como Mesbla e Mappin, que tiveram grande sucesso no passado, fecharam suas portas e foram alvo de críticas relacionadas a sua gestão. O forte crescimento dos hipermercados e lojas tradicionais de desconto, que atraem os consumidores mais sensíveis a preço, e, principalmente, o grande sucesso dos shopping centers, que atraem consumidores que valorizam conforto, segurança, qualidade, marcas famosas e maior variedade de opções nas lojas especializadas, contribuíram em muito para o agravamento das dificuldades enfrentadas pelas lojas de departamentos de linha completa. Uma loja de departamentos, para atrair e manter clientes, precisa ter "autoridade" em alguma linha, ou seja, oferecer um excelente sortimento e preços adequados nessa linha, para evitar que o cliente acabe preferindo a loja especializada.

Nos Estados Unidos, as lojas de departamentos de linha completa ainda resistem, uma vez que lá a classe média é mais numerosa, o que possibilita um posicionamento mais elitizado desse tipo de loja, que abriga cobiçadas grifes em seus departamentos.

No Brasil, os formatos de loja de departamentos que mais têm crescido são os de linha limitada, que reúnem menos departamentos, com predominância da linha de vestuário, calçados e utilidades do lar. O posicionamento geralmente é voltado para mercados de média ou baixa renda. O crédito passa a representar um verdadeiro requisito para o sucesso dessas redes e pode traduzir significativa fonte de receita não operacional.

A rede gaúcha Lojas Renner, com 95 unidades no Brasil, que já vinha operando no formato de linha limitada, suspendeu, em fins de 2002, a venda de utensílios para o lar e passou a concentrar-se nos produtos de moda, que são mais rentáveis, ampliando seus investimentos em marcas próprias. A Renner foi pioneira em implantar no país, naquele ano, o conceito de "estilos de vida" no desenvolvimento de suas coleções e na organização de suas lojas. A exposição coordenada de roupas, calçados e acessórios, sob marcas que refletem diferentes atitudes, interesses e personalidades, facilita a escolha dos clientes, pois permite que eles identifiquem claramente o conjunto de peças que melhor reflete seu jeito de ser e de viver, otimizando seu tempo de compras.

Há, ainda, as minilojas de departamentos ou magazines, que são modelos mais compactos de lojas de departamentos de linha limitada, com ênfase em eletrodomésticos e móveis, como é o caso do Ponto Frio e das Casas Bahia. Como lojas de conveniência de luxo, temos a Duty Free (em aeroportos, com preços em dólar e isenção de impostos para viajantes que embarcam para ou retornam do exterior) e lojas Dufry (no mercado nacional, com preços em reais e tributação normal), que vendem produtos de marcas exclusivas e novidades internacionais.

Segundo Parente (2000a:34), "a linha divisória entre uma miniloja de departamentos e uma loja especializada nem sempre é muito clara".

Lojas tradicionais de desconto ou lojas de variedades

Lojas tradicionais de desconto ou lojas de variedades são aquelas que oferecem ampla variedade de produtos, serviço limitado e preços baixos. Não há grande oferta de alimentos, como nos hipermercados, e vendem-se diversas categorias de produtos similares às encontradas nas lojas de departamentos, mas normalmente não se encontram grifes, e o sistema de atendimento é o autosserviço. Nos Estados Unidos, os maiores representantes são o Wal-Mart, a Kmart e a Target, que lá respondem por mais de 80% das vendas desse formato de varejo. No Brasil, as redes que melhor se encaixam nesse formato são a Casa & Video, no Rio de Janeiro, e as Lojas Americanas.

As Lojas Americanas S.A., uma das mais tradicionais redes de varejo do Brasil, tem 80 anos de vida, 551 lojas nas principais cidades do país e três centros de distribuição, em São Paulo, Rio de Janeiro e Recife; atua também no comércio eletrônico, representado pela Americanas.com e Shoptime. A rede comercializa mais de 60 mil SKUs de 4 mil fornecedores, detém uma grande participação no comércio brasileiro de brinquedos, *bonbonnière* e *lingerie* e é a maior vendedora de CDs do Brasil.

Lojas tradicionais especializadas

Em geral englobam pequenos ou médios estabelecimentos, localizados em ruas, galerias e shopping centers. Existem, no país, cerca de 400 mil lojas desse formato, dedicadas à venda de linhas de produtos específicos, oferecendo grande sortimento de itens e alto nível de serviços. As franquias são comuns nesse segmento. O tamanho dessas lojas varia conforme a necessidade e o *mix* de produtos. Caracterizam-se pelo atendimento personalizado, por meio de vendedores ou balconistas que orientam, sugerem o produto e realizam toda a operação até a extração do documento de venda e a embalagem das compras. Costumam situar-se próximas umas das outras, a ponto de existirem ruas inteiras que abrigam o mesmo ramo.

Especialistas de categoria

Os especialistas de categoria, ou *category killers* (exterminadores de categoria), são uma grande loja especializada que oferece sortimento muito profundo e preços inferiores aos das lojas tradicionais especializadas. É um formato muito encontrado nos Estados Unidos, mas raro no Brasil, onde o exemplo mais próximo, segundo alguns consultores em varejo, seria a Kalunga.

Em geral, esse formato de loja depende não só de indústrias que ofereçam inúmeras marcas e modelos de produtos em determinada especialidade, mas também de um grande poder de barganha por parte de seu proprietário, que normalmente é uma grande rede.

Os especialistas de categoria caracterizam-se por pequena variedade, sortimento muito profundo, baixo nível de serviços e baixo nível de preços, estando geralmente localizados em regiões com menor custo imobiliário. Exemplos desse formato, nos Estados Unidos, são as lojas Toys "R" Us, especializadas em brinquedos, a Office Depot, especializada em artigos e equipamentos para escritório, e a Best Buy, de artigos eletrônicos de consumo.

A força desse formato é tão grande que as lojas ou departamentos de lojas diretamente concorrentes só sobrevivem na mesma região se puderem fornecer um nível de serviço diferenciado ou agregar alguma linha de mercadoria exclusiva não encontrada nos especialistas de categoria, ou, ainda, se tiverem localização privilegiada.

Clubes de atacado e "atacarejos"

Os clubes atacadistas comercializam tanto para pequenos comerciantes, como bares, trailers e restaurantes, no atacado, quanto para consumidores finais, no varejo. As lojas são amplas e o nível de serviço é bastante baixo. Seus principais representantes no Brasil são o Makro e o Sam's Club. Geralmente, nesse tipo de varejo, é necessário ser associado, pagando uma contribuição periódica, ou possuir alguma credencial de acesso.

Os "atacarejos", como o nome sugere, são lojas atacadistas que também permitem a compra em pequenas quantidades. Há preços diferentes para o mesmo produto se comprado em um lote maior ou avulso, sendo, por isso, um misto de atacado e varejo, resultado de uma combinação que existe no Brasil entre os formatos de atacado de autosserviço e hipermercado. Esse tipo de operação se destina a atender prioritariamente às compras maiores das famílias, mas, pelas suas características e pelo sortimento, acabam atendendo ao setor de *food service*, como bares, restaurantes, cantinas, hotéis, hospitais e outros grandes consumidores institucionais. São lojas que se caracterizam por vender em maiores quantidades, e geralmente em dinheiro, no estilo "pagar e levar" (daí o outro nome pelo qual os "atacarejos" são conhecidos: *cash and carry*), não oferecendo, sequer, sacolas para o consumidor embalar as compras.

As lojas de "atacarejo" são lojas despojadas, de operação simplificada e tamanho médio (em torno de até 6 mil metros quadrados), com sortimento menor (cerca de 10 mil SKUs). Bons exemplos são as lojas Atacadão (atualmente de propriedade do Carrefour) e Assaí (hoje sob controle do Grupo Pão de Açúcar). O Wal-Mart também opera esse formato por intermédio de suas bandeiras Maxxi, Todo Dia e Balaio, esta última no Nordeste. Na Europa há vários exemplos de sucesso, entre eles Metro (Makro, aqui no Brasil) e Aldi, ambos com centenas de lojas.

Hipermercados

Os estabelecimentos desse formato ocupam enormes áreas horizontais, acima de 7 mil metros quadrados, e comercializam até 60 mil SKUs entre produtos alimentícios e não alimentícios, com baixa margem e alto giro. Costumam localizar-se nas rodovias de acesso aos centros urbanos ou em grandes vias de circulação, nas maiores cidades, exigindo, portanto, amplas áreas de estacionamento. Seguem o conceito *one-stop-shopping* (compras numa única parada), para atender à maioria das necessidades de compra dos consumidores, agregando uma extensa operação varejista de produtos alimentícios e de limpeza, com considerável sortimento em todas as linhas, acoplada a uma loja tradicional de desconto, além de eletrodomésticos, artigos de cama, mesa, banho e outros. Operam com o sistema de autosserviço e oferecem alguns serviços ao consumidor.

Uma variante do formato de hipermercados é o supercenter — modelo norte-americano (adotado pelo Wal-Mart) que possui grandes áreas de vendas e foco nos itens de bazar, principalmente eletroeletrônicos (linhas branca e marrom). Esse modelo vem se aprimorando, com a área de bazar sendo distribuída em nichos de consumo: produtos para crianças, animais, mulheres, escritório, casa — tendência também seguida no formato de hipermercado tradicional.

Lojas off-price, de ponta de estoque e de fábrica

As *off-price* são lojas de roupas, calçados e acessórios que comercializam produtos de marca (grife) com sua etiqueta original. Os preços são bastante inferiores porque as mercadorias são sobras de estoque, quebras de grade ou fora de temporada. A loja, nesse caso, é multimarca.

O conceito de ponta de estoque assemelha-se ao de *off-price*, porém a loja é de propriedade do varejista que detém a marca das mercadorias. É uma das lojas de sua rede, só que nela os produtos estão permanentemente em liquidação.

Lojas de fábrica são aquelas de propriedade de um fabricante e nas quais se comercializam mercadorias com defeitos imperceptíveis ou pequenas irregularidades, mercadorias perfeitas de coleções anteriores, roupas de cores e estilos que não tiveram boa aceitação ou pedidos cancelados de grandes clientes. É importante mencionar que todos esses tipos de loja têm um ponto em comum: são formas de escoamento de mercadorias que sobraram ou não se mostraram adequadas nos meios tradicionais de venda.

Varejo de serviços

Nem todas as lojas vendem mercadorias tangíveis. Muitos são os estabelecimentos cuja atividade principal, ou única, consiste na prestação de serviços, como é o caso de locadoras de vídeo, cinemas, lavanderias, salões de cabeleireiros, academias de ginástica, lanchonetes com preparo no local, escolas de idiomas, lojas de revelação fotográfica e muitos outros. No varejo de serviços, o consumidor não tem a posse do que comprou, mas um benefício ou expectativa de benefício. A percepção do benefício varia enormemente de uma pessoa para outra, pois nela influem tanto a pessoa que prestou o serviço quanto o humor ou a receptividade do consumidor.

Formatos de varejo sem loja

As inovações tecnológicas e a globalização têm contribuído para uma mudança acentuada nos estilos de vida e nos hábitos de consumo. As empresas estão ampliando seu alcance e mobilidade através de diferentes canais de varejo. São exemplos de varejo sem loja: comércio eletrônico, catálogos, venda porta a porta, TV shopping, televendas e máquinas automáticas de venda (*vending machines*).

Varejo eletrônico

O varejo eletrônico se efetua em transações via internet. Essa modalidade de comércio tem crescido consideravelmente no mundo e, especificamente, no Brasil, onde se destacam as Lojas Americanas, o Submarino, o Ponto Frio, a Fnac, a Fast Shop, entre outros. Neste livro, o tema de comércio eletrônico não será aprofundado por haver outro livro da Série Marketing intitulado *E-commerce*.

Uma modalidade de comércio eletrônico que tem crescido substancialmente é a de sites de compras coletivas, tais como Groupon, Peixe Urbano e Oferta X, entre centenas de outros. Na realidade, os sites de compras coletivas vendem vales ou cupons que podem ser utilizados como meio de pagamento nas lojas físicas ou virtuais dos respectivos anunciantes, durante um período limitado. Após a ativação da oferta e a confirmação da compra, o cliente faz o *download* do seu vale (numerado e com o nome e o CPF do cliente), imprime-o e o leva ao local escolhido para utilizá-lo. As ofertas costumam oferecer descontos entre 50% e 90%, valendo para um determinado produto/serviço ou para um crédito de um determinado valor fixo, o qual o cliente utiliza para comprar o produto/serviço de sua escolha, no estabelecimento anunciante. A ativação da oferta só acontece após a confirmação do interesse de compra por um número mínimo de compradores, que é determinado pelo anunciante. Este, por sua vez, não costuma pagar um preço fixo pelo anúncio, como ocorre com os veículos tradicionais de comunicação, mas um percentual do valor final efetivamente comercializado na oferta.

Com mais de mil sites do gênero tendo surgido no Brasil no ano de 2010, a tendência para os próximos anos é que o *e-commerce* de compra coletiva brasileiro passe por uma série de fusões. Para os demais países do mundo, é esperada uma evolução semelhante, principalmente em mercados nos quais a compra coletiva vem evoluindo rapidamente, como nos Estados Unidos e na China.

Catálogos

A venda por intermédio de catálogos tornou-se uma realidade no mercado brasileiro a partir de 1994, graças à estabilidade econômica no país. Através dos Correios é possível atingir 90% dos domicílios e tornar-se bastante acessível aos consumidores. Para o sucesso desse canal, é imprescindível ter uma segmentação detalhada da base de clientes, ou seja, variáveis de perfil e histórico de compras, incluindo tíquete médio e atualização cadastral.

A Hermes, pioneira na venda de catálogos, tem cerca de 350 mil revendedoras e mais de 2 mil franqueados. Envia, em média, 20 milhões de catálogos por ano, ofertando mais de 1.700 produtos a 5 milhões de clientes cadastrados. Além disso, utiliza o site <www.hermes.com.br> para venda de produtos. Possui três lojas físicas no Rio de Janeiro, com a marca Pop Shop.

Porta a porta

O formato porta a porta requer explicações pessoais e demonstração de produtos e serviços, oferecendo ao consumidor a conveniência de compra em casa ou no trabalho. Vem sendo considerado o meio mais barato de iniciar um negócio, principalmente como fonte alternativa para reforçar o orçamento familiar. Tem boa penetração, principalmente, nas classes D e E, com produtos de limpeza, *lingerie*, alimentos e cosméticos. Empresas como Amway, Tupperware, Natura, Sara Lee, Avon, Herbalife são os principais expoentes nesse mercado.

TV shopping

Nesse formato, através da TV, os consumidores assistem a um programa que demonstra o uso de produtos, incentivando a sua compra pelo telefone ou pela internet. Exemplos disso são os canais de TV a cabo, como o Shoptime; os infocomerciais — programas com duração média de 30 minutos —, como os utilizados pelo Polishop, que misturam entretenimento com demonstrações do produto e depoimentos de pessoas que o utilizaram e recomendam seu uso; e as propagandas com resposta direta, que descrevem o uso do produto e oferecem uma vantagem para os que ligarem para um determinado telefone.

Televendas

Trata-se de um canal frequentemente utilizado para realizar a pré-venda (agendamento da visita, pesquisa), a venda e a pós-venda (pesquisa de satisfação, fidelização), abordando clientes atuais e futuros. Instrumento fundamental de apoio às vendas via internet, catálogo, porta a porta e TV, é usado por empresas administradoras de cartão de crédito, editoras, seguradoras, bancos e planos de saúde.

Máquinas automáticas de venda

As máquinas automáticas de venda ou *vending machines* têm por finalidade comercializar produtos sem a intermediação de vendedores.

No Brasil existem cerca de 35 mil equipamentos desse tipo, que movimentam, anualmente, R$ 120 milhões, com uma taxa média de crescimento de 25% ao ano. Nos Estados Unidos existem 6,9 milhões desses equipamentos, que geram uma receita anual de US$ 80 bilhões.

As máquinas automáticas são instaladas em locais de grande trânsito de pessoas, tais como shopping centers, escolas, metrô, fábricas e universidades. Para o sucesso desse canal de vendas é fundamental ter uma adequada gestão de estoques e abastecimento.

3

Estratégia de varejo

Em todas as empresas costuma haver uma orientação estratégica, seja o planejamento realizado de maneira formal ou informal. A empresa não pode agir sem conhecer o mercado e suas mudanças, sem avaliar os possíveis cenários. Segundo Porter (1986), formular a estratégia competitiva é sobretudo desenvolver um modelo amplo, detalhando como a empresa irá competir, quais serão suas metas e quais as políticas necessárias para alcançá-las.

Apresentamos, a seguir, os principais elementos para a elaboração do planejamento estratégico no varejo, a saber: a estratégia central, os objetivos, a segmentação, o posicionamento e as principais oportunidades para obter vantagem competitiva sustentável.

Estratégia e objetivos

Para estabelecer a estratégia central, segundo Hooley e colaboradores (2001), é necessário, primeiramente, definir a finalidade ou missão do negócio e analisar o perfil das capacidades da empresa — seus pontos fortes e fracos —, bem como o setor — clientes e concorrentes — no qual a empresa opera ou deseja operar. Com base nessas análises, a empresa deverá identificar os fatores críticos para o sucesso em seu mercado específico. Por que o cliente comprará o que você vende? Por que o cliente comprará de você? Para responder a essas perguntas é preciso ter bem-definidos os valores e a visão da empresa. Saiani (2001:57) ensina que "valores são a alma da empresa, como ela age, como ela se relaciona" e visão "é o que ela quer ser no futuro, que sonho ela quer realizar". Ambos devem ser compartilhados com os funcionários da empresa, pois, do contrário, eles ficam sem saber o que é prioritário, e o negócio fica sem direção. Só a genuína liderança é capaz de mobilizar a equipe para perseguir o mesmo sonho.

O segundo passo, afirmam Hooley e colaboradores (2001), é definir os objetivos específicos de cada uma das áreas da organização, entre as quais as mais relevantes são a de marketing e a financeira. Em seguida, é necessário definir o posicionamento competitivo da empresa, identificando seus mercados-alvo e sua vantagem diferencial. O posicionamento competitivo será uma declaração bastante precisa de onde e como o objetivo será alcançado.

Os resultados da empresa, em termos de desempenho de marketing, podem ser medidos utilizando-se dois atributos: volume de vendas e participação no mercado (*market share*). O volume de vendas e o fluxo de clientes são acompanhados a cada dia pela empresa. Já o tamanho do mercado e seu próprio percentual de participação nele nem sempre são dados acessíveis ao varejista, mas devem ser mensurados, mesmo que de maneira informal. O que não pode é um varejista ficar centrado em si mesmo e deixar de comparar seu desempenho com o da concorrência, pois isso compromete todo o conceito de gestão estratégica.

Os resultados, em termos de desempenho financeiro, incluem a rentabilidade — que pode ser expressa de várias formas (lucro líquido, percentual de lucro em relação às vendas e taxa de retorno sobre o capital investido) — e a liquidez. Ambos os objetivos, de marketing e financeiro, precisam ser simultaneamente considerados ao delinear-se uma estratégia. Não se devem traçar estratégias de marketing que só contemplem o ganho de *market share* e o aumento do volume de vendas a qualquer preço, sem considerar seus efeitos na rentabilidade e liquidez do negócio. O contrário também se aplica: escolher estratégias que só levem em consideração os objetivos financeiros pode ter consequências indiretas que comprometam o volume de vendas total e o percentual de participação no mercado.

A estratégia é uma linha de ação que indica claramente como a empresa pretende utilizar seus recursos para alcançar os objetivos estabelecidos. É um plano que, quando executado, deverá produzir o desempenho desejado pela empresa, de tal forma que os competidores só possam reagir muito tempo depois ou a um custo proibitivo. Uma estratégia de marketing bem-desenvolvida identifica os seguintes elementos:

❑ os mercados específicos e os segmentos de mercado que a empresa pretende atender prioritariamente;

❑ o objetivo de marketing, medido ao menos pelo volume de vendas e o percentual de *market share* que a empresa deseja em seus mercados selecionados;

❑ os meios específicos pelos quais a empresa pretende apelar para seus consumidores-alvo e estabelecer sua posição competitiva (a estratégia de marketing). Essa estratégia inclui o formato de varejo a ser utilizado, como a empresa irá empregar suas variáveis no composto de varejo e as bases sobre as quais serão construídas suas vantagens competitivas sustentáveis.

Embora haja muitos tipos de estratégias, Porter (1986) as classificou em três tipos genéricos que fornecem um bom ponto de partida para o pensamento estratégico:

❏ *liderança total em custos* — a empresa se esforça para conseguir os menores custos de distribuição, de modo que possa oferecer preços inferiores aos dos concorrentes e obter uma grande participação de mercado;

❏ *diferenciação* — o negócio concentra-se em alcançar um desempenho superior numa área importante de benefícios para o cliente e valorizada por grande parte do mercado;

❏ *foco* — o negócio concentra-se em um ou mais segmentos estreitos de mercado.

Porter (1986) aconselha que a empresa escolha uma dessas estratégias e se comprometa com ela, já que recorrer a mais de uma pode tirar a empresa de seu foco e reduzir sua possibilidade de êxito.

Uma vez definida a estratégia central, cabe ao profissional de marketing implementá-la através do esforço de marketing. Segundo Hooley e colaboradores (2001), os três elementos básicos de implementação são o *marketing mix* (composto de marketing); a organização, representada pelo pessoal capacitado e os recursos financeiros da área de marketing; e o controle, necessário para medir o desempenho de marketing e o financeiro.

O composto de marketing são as ferramentas que estão ao alcance do gestor de marketing, conforme será exposto no capítulo 4. Cada elemento desse composto deve ser concebido de forma que esteja de acordo com a estratégia escolhida. Para Hooley e colaboradores (2001:43), "quando os elementos do *marketing mix* não atuam na mesma direção, mas se contradizem, o posicionamento obtido confundirá os consumidores".

Segmentação e posicionamento

Aqui nos concentraremos em duas áreas da diferenciação: uma que se refere às ofertas dos vários mercados em relação aos clientes (o posicionamento) e outra que se refere às diferenças entre os clientes, em termos de suas características, comportamentos e necessidades (a segmentação). De acordo com Hooley e colaboradores (2001), posicionamento e segmentação constituem partes distintas de um processo de estratégia e proporcionam ferramentas muito poderosas.

Segmentação

Weinstein (1995:18) conceitua segmentação como "o processo de dividir mercados em grupos de consumidores potenciais com necessidades e características similares". Para Levy e Weitz (2011), um segmento de mercado de varejo é aquele formado por clientes cujas necessidades são atendidas por meio de um mesmo composto de marketing, por terem necessidades semelhantes.

Os estudos sobre segmentação recomendam a identificação de segmentos por meio de características demográficas, socioeconômicas ou psicográficas (atitude do cliente). Por exemplos, há varejistas como Tok&Stok, que segmentam por estilo de vida, trabalhando seus produtos de modo a criar um ambiente para cada público-alvo, ou a Renner, que está montando a rede de lojas Blue Steel (uma de suas marcas próprias), direcionada especificamente para mulheres entre 15 e 25 anos. Temos também a loja de departamentos Marisa, que, após pesquisa para saber hábitos e costumes da mulher, criou a Marisa Lingerie, uma rede de butiques exclusiva, voltada para mulheres da classe C entre 28 e 45 anos, onde música, bebida, maquiagem e massagem se incorporam à comercialização de roupas íntimas, pijamas e meias.

A segmentação de mercado proporciona vários benefícios, tais como: projetar formatos de loja que atendam às necessidades do mercado; elaborar estratégias de comunicação eficazes e de menor custo; avaliar a concorrência; auxiliar o marketing de uma empresa menor, de forma que ela crie um nicho defensável; identificar lacunas no mercado, ou seja, segmentos que ainda não estão sendo bem-atendidos ou que têm potencial de crescimento. Existem muitas oportunidades para a segmentação. A mais utilizada no varejo é a abordagem por uso ou benefício.

A partir da definição da segmentação, o varejista pode elaborar sua política de diferenciação e posicionamento, como veremos a seguir.

Diferenciação e posicionamento

A diferenciação permite ao varejista distinguir-se de seus concorrentes em função da oferta de linhas de produto, opções de serviços, horários de funcionamento, localização, preço, atendimento e atitude da equipe, ambientação e forma de utilizar a comunicação.

Kotler e Keller (2006:305) definem posicionamento como "a ação de projetar o produto e a imagem da empresa para ocupar um lugar diferenciado na mente do público-alvo". Segundo eles, o objetivo é posicionar a marca na mente dos consumidores, a fim de aumentar a vantagem potencial da empresa. Um bom posicionamento de marca ajuda a orientar a estratégia de marketing, na medida em que esclarece a essência da marca, que objetivos ela ajuda o consumidor a alcançar e como o faz de maneira inconfundível. O resultado do posicionamento é a criação bem-sucedida de uma *proposta de valor* focada no cliente.

No caso do varejo, às vezes é difícil diferenciar a linha de produtos, principalmente quando os fornecedores são restritos, como os fabricantes de pneus. Nessas circunstâncias, a chave para a competitividade está na adição de serviços valorizados e na melhoria de sua qualidade.

Ocupar uma posição marcante significa não apenas vender determinados produtos, mas também difundir a identidade da marca e o conceito da loja. O produto passa a ser a própria loja, e esta é que se torna a marca, com todas as variáveis de marketing. Exemplos bem-sucedidos são a Victor Hugo, que agregou *status* à venda de bolsas femininas; a Monte Carlo Joias, que popularizou o conceito de joalheria; e a Cinemark, que revolucionou o conceito de cinemas proporcionando conforto, variedade de opções de filmes e conveniência. A competitividade e o desempenho do varejista são consideravelmente influenciados pelo posicionamento escolhido.

A metodologia "varejo o mais" (do inglês *est retailing*), desenvolvida por Norman McMillan e, posteriormente, adaptada por Willard Ander, ambos sócios da empresa de consultoria especializada em varejo e distribuição McMillan Doolittle, propõe os cinco possíveis posicionamentos estratégicos vencedores para varejistas, como veremos a seguir.

- ❑ O mais barato (*cheapest*): é quem oferece os preços mais baixos do mercado. Exemplos: Drogaria Venâncio, Kalunga, Lojas R$ 1,99, Habib's, Wal-Mart.
- ❑ O maior (*biggest*): é quem oferece a maior variedade de produtos, se comparado com concorrentes com o mesmo perfil. Exemplos: Fnac, Leroy Merlin, Zara.
- ❑ O mais fácil (*easyest*): é quem oferece maior facilidade de uso, isto é, aquela empresa que proporciona uma experiência de consumo mais simplificada e eficiente a seus consumidores. A experiência de compra mais fácil é aquela que resolve problemas comuns. Exemplos: Magazine Luiza, Starbucks, Novotel Inn.

❑ O mais rápido (*quickest*): é quem propicia a experiência de consumo mais rápida. Originalmente, esse posicionamento era considerado parte do anterior, da facilidade na compra. Contudo, à medida que consumidores, principalmente nos grandes centros urbanos, veem-se cada vez mais com limitações de tempo, esse fator ganhou importância no processo de decisão de compra. Tal posicionamento define-se essencialmente pela conveniência, que, por sua vez, está ancorada em dois componentes críticos: localização dos pontos de venda (ou capilaridade da rede), que define a rapidez do acesso do consumidor, e rapidez na experiência de compra em si, resultado de um processo de atendimento altamente eficaz e veloz. Exemplos: O Boticário, Pague Menos, Yogoberry.

❑ O mais desejado (*hottest*): quem está alinhado com as mais "quentes" tendências de consumo, oferecendo a seus consumidores, em qualquer segmento de atividade, os itens mais desejados e/ou o ponto de venda mais bonito, estimulante e comentado. Exemplos: Fast Shop, Chanel, Ermenegildo Zegna.

É fundamental salientar que é impossível ser o melhor em todas as dimensões. Quem tenta isso acaba não saindo do lugar e converge, invariavelmente, para uma posição obscura. O varejista deve escolher uma dimensão de *est* e, em seguida, esforçar-se ao máximo para se posicionar como realmente o melhor naquele quesito, embora seja possível estar inserido em mais de uma dimensão, como é o caso de marcas desejadas e com atendimento rápido e descomplicado, como a Starbucks e outras.

Definido o posicionamento competitivo, é necessário identificar as bases em que se pretendem construir as vantagens competitivas sustentáveis.

Para Levy e Weitz (2011), vantagem competitiva significa uma vantagem sobre a concorrência que possa ser mantida ao longo do tempo. A definição dessas vantagens constitui o elemento final de uma estratégia de varejo. Significa a oportunidade de conquistar e manter determinado posicionamento diferenciado em relação à concorrência na mente do consumidor, criando uma "muralha" de proteção contra a movimentação dos diversos integrantes do mercado.

Oportunidades para obter vantagem competitiva sustentável

As vantagens competitivas podem basear-se em relacionamentos externos e internos e revelar-se duradouras ou efêmeras, dependendo da visão proativa de cada negócio e da rapidez da reação dos concorrentes. A seguir, examinaremos as principais oportunidades para a criação de vantagens competitivas sustentáveis, conforme Levy e Weitz (2011).

Fidelidade do cliente

Uma loja terá conquistado a fidelidade do cliente quando ele não deixar de frequentá-la nem mesmo quando um concorrente forte abrir uma loja por perto e passar a oferecer alguma seleção mais ampliada ou preços um pouco menores. Eis as formas mais usadas pelos varejistas para construir fidelidade:

❑ *posicionamento* — é a imagem percebida pelo cliente, e não aquela idealizada pelo varejista, como já vimos;

❑ *nível de serviço* — pode-se obter um cliente mais leal graças a um excelente atendimento. Para Levy e Weitz (2011), a consistência no atendimento é tarefa difícil, porque depende de pessoas, e estas têm humor variável, educação familiar e formação escolar as mais diversas, além de não repetirem cada tarefa sempre da mesma forma. Atrair e manter pessoas que trabalham com entusiasmo, que gostam do que fazem e se preocupam genuinamente em atender bem o cliente é tarefa das mais complexas, mas, quando realizada com sensibilidade e competência, traz extraordinários benefícios. Depois que a boa reputação do varejista está construída, é bem mais difícil para um concorrente conseguir igualá-la. Para obter fidelidade mediante bons serviços, é essencial saber o que o cliente realmente valoriza;

❑ *marketing de relacionamento* — é a utilização de sistemas de informática que empregam bancos de dados (*database marketing*) nos quais se registram informações sobre o perfil e os padrões de compra dos clientes. Cada vez mais, com a massificação do tratamento dado às pessoas e a sensação de insignificância vivenciada por muitos, torna-se estratégico oferecer ao cliente um tratamento individualizado que o faça sentir-se especial, considerado e importante. O grande problema do *database marketing* não é o *database*, e sim o próprio marketing. Novamente, o papel das pessoas que alimentam e utilizam esses sistemas é que realmente faz a diferença. Achar que a solução está só no investimento em hardware e software significa, sem dúvida alguma, jogar dinheiro fora. O segredo está na ciência em registrar dados que realmente serão úteis e, oportunamente, saber o que fazer com eles de forma natural, elegante e que não seja percebida pelo cliente como invasiva;

❑ *mercadorias* — os produtos vendidos pelos diferentes varejistas do mesmo ramo estão cada vez mais similares. Se uma loja conseguir oferecer algum conjunto de produtos que seja exclusivo, como os de marca própria ou aqueles obtidos com exclusividade em sua região, conseguirá algum diferencial que gerará a fidelidade de vários consumidores.

Dizer que fidelização é importante é muito fácil. O difícil é descobrir por que o cliente permanece cliente da loja. Segundo Saiani (2001:137), "por produto, o cliente paga preço. Por serviço, ele começa a dar valor. Com relacionamento, ele vira fã de seu negócio".

A fidelização traz benefícios à loja que vão muito além de fazer o cliente voltar, consumir mais na loja e recomendá-la aos amigos: um cliente fiel também concorda em pagar um pouco mais pelo mesmo produto ou serviço que é oferecido também pela concorrência, o que produz impacto positivo na rentabilidade do negócio.

Localização

O acerto na escolha da localização é fator dos mais importantes no varejo, já que o cliente é quem tem a iniciativa de ir até a loja. Para o varejista é indispensável estar em ponto comercial que seja visível, acessível e conveniente para seus clientes, principalmente no caso de lojas que vendem muitos itens suscetíveis de compra por impulso. No capítulo 5 tornaremos a falar, então mais detalhadamente, a respeito da localização.

Relações com fornecedores

O relacionamento com fornecedores pode trazer grandes oportunidades de obter vantagem competitiva. Uma relação amistosa e de parceria ajuda o varejista a conquistar privilégios nas negociações, na remessa e distribuição de produtos, nos lançamentos e campanhas promocionais, diferenciando-se dos concorrentes. Entre essas vantagens incluem-se, por exemplo, a exclusividade para a venda de um produto ou linha de produtos numa certa região, melhores preços e condições dos que os obtidos pela concorrência ou, ainda, o recebimento de mercadorias em falta no mercado. O uso de sistemas de informação interligados com os fornecedores também ajuda a fortalecer tais parcerias.

Sistemas de distribuição e de informações gerenciais

Tais sistemas podem representar uma vantagem sobre a concorrência. Cada vez mais os processos de logística e informação vêm ganhando força nas práticas gerenciais, dada a possibilidade de reduzir custos de armazenagem, frete e estocagem. Além disso, aumentam a eficiência no manuseio das mercadorias, otimizando o tempo de entrada e saída de estoques, o que maximiza o giro das mercadorias e causa impacto financeiro positivo. O Wal-Mart, espalhado por todo o território norte-americano e por várias cidades do mundo, incluindo algumas no Brasil, é um exemplo do uso inteligente desses sistemas, fundamentais para o sucesso da rede. A utilização de sistemas de informação bem-desenvolvidos também ajuda o varejista a evitar os excessos e as faltas de estoque, situações que podem ser extremamente prejudiciais à loja.

Operações de baixo custo

As operações de baixo custo são também uma oportunidade para obter vantagem competitiva. Com baixos custos, o varejista pode optar entre oferecer preços menores ou manter margens maiores, utilizando, porém, seu ganho de lucro em campanhas publicitárias, reforma da loja ou outros investimentos que possam trazer-lhe benefícios.

Múltiplas fontes de vantagem

Na realidade, o varejista não deve se limitar à escolha de uma única frente de vantagem competitiva sustentável. É importante procurar desenvolver múltiplas opções que se integrem, fortalecendo sua diferenciação no mercado e a sustentabilidade dessas vantagens.

Iniciativas com efeitos mais imediatos, não necessariamente sustentáveis, também não devem ser descartadas, como o estabelecimento de parcerias e alianças estratégicas não apenas com fornecedores, mas com outras empresas que aparentemente nada têm a ver com o ramo do varejista. O importante é que a parceria traga benefícios para ambos, gerando um diferencial competitivo.

Como exemplo, temos a aliança estratégica estabelecida pela rede de drogarias Max & Padrão com a Light, concessionária de distribuição de energia no Rio de Janeiro. A primeira, com 200 lojas, precisava conquistar novos clientes. A segunda, com 3,8 milhões de usuários, necessitava reduzir o nível de inadimplência e melhorar sua imagem corporativa. Criou-se então um Clube de Vantagens e Benefícios para os usuários da Light, através da oferta, em condições excepcionais, de produtos comercializados pela Max & Padrão. A comunicação desse benefício foi feita na própria fatura de serviços, ou seja, a conta de luz, enquanto nos pontos de venda da Max & Padrão afixaram-se *banners* explicando a parceria. O resultado foi que, em seis meses, a Max & Padrão conquistou 15% dos usuários da Light, e esta, por sua vez, reduziu em 10% a inadimplência de seus usuários. O custo do investimento foi inferior a 0,01% da verba de marketing de cada uma dessas empresas.

Seleção das vantagens competitivas a serem exploradas

Apontadas as principais frentes de vantagem competitiva, sustentável ou não, exploradas isoladamente ou em conjunto, você deve estar pensando: quais deverei priorizar?

Esteja atento ao que é realmente importante e valorizado pelo seu cliente, identificando, numa tabela, os "momentos da verdade". Atribua notas, em cada um dos quesitos, a si próprio e a cada um de seus concorrentes. Assim ficará mais fácil identificar as oportunidades de diferenciação, ou seja, aquelas em que você se destaca da concorrência, o que, em si, já deverá ser um indicativo das competências e vocações de seu negócio. Seu diferencial não pode estar em algo para o qual você não tem vocação. Além disso, esteja atento à dificuldade de implementação de cada alternativa e ao respectivo nível de impacto na percepção do cliente.

4

Composto de varejo

No capítulo 3 discutimos os aspectos estratégicos relacionados ao varejo. Vimos que, uma vez definidos a estratégia central e o posicionamento competitivo, resta implementá-los por meio do esforço de marketing, constituído, entre outras iniciativas, pela gestão do composto de marketing (*marketing mix*). Neste capítulo trataremos do composto de marketing adaptado ao varejo, isto é, o composto de varejo.

Elementos do composto de varejo

Segundo Morgado e Gonçalves (2001), o conceito de *marketing mix* foi criado por E. Jerome McCarthy e adotado nos meios acadêmico e empresarial como os "4 pês" (*product, place, price* e *promotion*; em português, produto, distribuição, preço e comunicação). Trata-se do conjunto de variáveis controláveis que a empresa pode utilizar para satisfazer as necessidades dos consumidores e influenciar suas decisões de compra. Na realidade, o composto de marketing representa uma lista de possibilidades que estão ao alcance do profissional de marketing para que ele planeje e execute as ações da empresa.

O conceito de *marketing mix* foi criado pensando-se na indústria, mas também tem sido empregado no varejo, tanto assim que Mason e colaboradores (1993) agregaram-lhe outros dois pês: um para apresentação física da loja (*presentation*) e outro para o atendimento (*people*).

Eis exemplos de decisões relacionadas aos elementos do composto de varejo:

❏ produtos — nível de variedade, profundidade, qualidade e serviços agregados;
❏ preços — níveis de preço, crédito, "valor" (benefício percebido em relação ao custo);
❏ comunicação — propaganda, relações públicas, ofertas e promoções de venda;
❏ localização — acesso, visibilidade e conveniência;
❏ apresentação física da loja — ambiente, projeto, *merchandising*, sinalização e decoração;
❏ pessoal — atendimento, rapidez, serviços.

Em termos práticos, podemos afirmar que o trabalho da área de marketing se resume, segundo Davidson e Sweeney (1988:66),

> ao constante ajuste dos 4 pês, buscando adaptar a empresa ao ambiente em mutação, enquanto vai ao encontro das necessidades e dos desejos dos consumidores e da variedade de objetivos e metas corporativos.

Vejamos agora, separadamente, os seguintes elementos do composto de varejo: produto, preço, pessoas e comunicação.

Produto

Produto, no varejo, pode ser entendido como aquilo que se pretende oferecer ao consumidor com o objetivo de venda, o que abrange o conceito de serviços. O grau de sucesso do empreendimento varejista é influenciado diretamente pela capacidade de percepção e adequação dos produtos oferecidos às necessidades de cada público-alvo. Veja, a seguir, alguns aspectos que você deve considerar no que se refere a *produto* como elemento do composto de varejo.

Definição do mix de produtos

A partir da segmentação escolhida, podemos determinar: o que oferecer, com que amplitude, com que profundidade, com que marcas e modelos, em que níveis de qualidade e de que forma apresentar e oferecer ao público. O formato varejista escolhido, o espaço físico disponível e o canal de distribuição a ser utilizado também são fatores determinantes para a adequação do *mix* de produtos a serem oferecidos. Outro fator a ser avaliado é o grau de sazonalidade de cada produto. O conhecimento dos hábitos de consumo de cada cliente permite adequar ofertas personalizadas às necessidades específicas da clientela.

No varejo, o acerto na definição do *mix* de produtos e sua constante revisão e atualização são fundamentais para o sucesso da operação, bem como o é o permanente esforço do varejista para ser competente no processo de compra. A importância dessas duas questões — escolher bem e comprar bem — foi bem resumida na frase que a rede norte-americana Sears Roebuck tomou como *slogan*: "Nós somos os compradores dos nossos compradores", criada pelo seu fundador, Richard Sears, em 1886.

Quadro 3
FATORES A CONSIDERAR NA DEFINIÇÃO DO *MIX* DE PRODUTOS

Fator	Influência
Demográfico	O que oferecer e de que forma traduzir essa oferta para os clientes.
Psicográfico	O que oferecer e como gerir a mudança de perfil do *mix*.
Social	Amplitude do sortimento e nível de qualidade.
Comportamental	Periodicidade da compra e serviços agregados.
Canal loja	Limitação ao espaço físico disponível para a exposição de produtos.
Canal web	Praticamente não há limites para a amplitude do sortimento, mas há fortes restrições com relação à capacidade de distribuição.
Canal vendas externas	O limite é o espaço utilizado para as fotos de um catálogo ou *folder*.
Formato varejista	Quantidades de SKUs a serem trabalhadas, nível de variedade e sortimento.
Sazonalidade	Variação da oferta ou demanda conforme a época do ano ou datas comemorativas.
Oferta personalizada	O limite é a capacidade de personalização da oferta.

Compras

Grandes compradores têm em mente que comprar é uma arte e uma ciência, e vender é um jogo no qual se pode construir um negócio e ganhar muito dinheiro. É preciso obter o melhor pelo que se está pagando, para que os clientes também possam obter o melhor pelo dinheiro deles.

Se você trabalha com compras, deve procurar "vender" ao fornecedor a importância de sua loja ou rede, e para isso deve ter orgulho dela. Diversos fornecedores consideram um verdadeiro ativo estar presente em determinados varejos.

Além da perspicácia, do conhecimento do mercado e da óbvia habilidade de bem-negociar preços, você também deve barganhar por outros benefícios. Lembre-se: benefícios têm que ser solicitados. O comprador não pode achar que o fornecedor oferecerá tudo espontaneamente. Eis alguns benefícios que se podem pedir:

❑ informação sobre a existência de mercadoria que o fornecedor queira "desencalhar" por preços especiais; isso é especialmente interessante no caso de confecções ou calçados;
❑ informação sobre a existência de mercadoria especificamente fabricada para promoções;
❑ ajuda financeira (muita) para promoções;
❑ bonificação em produtos na inauguração de lojas;
❑ prazos de pagamento mais longos ou parcelados;
❑ um promotor de vendas para a loja, para a linha de produtos do fornecedor (quando viável);
❑ material para a exposição da mercadoria ou mesmo fotos, exibindo a marca do fornecedor (material de *merchandising*).

No relacionamento com o fornecedor, você, como comprador, deve agir sempre de forma correta, demonstrando respeito e consideração não só para com a empresa que ele representa, mas também para com ele próprio, como indivíduo. É claro que grandes volumes de compra facilitam barganhas, mas o tratamento amistoso, a demonstração de parceria, a ética e até a simpatia também abrem as portas para negociações excepcionais, que podem repetir-se. Caso seu varejo seja de pequeno porte, jamais considere que não obterá benefícios só por esse motivo. Muitas vezes os fornecedores estão fartos das negociações e das exigências unilaterais dos grandes varejistas e têm todo o interesse em desenvolver um bom relacionamento com os pequenos. Dependendo do seu conhecimento do mercado, de sua habilidade de negociação e da parceria estabelecida com seu fornecedor, você poderá alcançar ótimos resultados.

Gerenciamento de categorias

Categoria é um agrupamento de produtos com SKUs de características similares e percebidos pelo cliente como substitutos aceitáveis uns dos outros. Para melhor entendimento, é como tomar cada categoria como uma unidade de negócio que necessita gerar lucros e contribuir para o todo. Por exemplo, no mercado de lojas de conveniência utiliza-se a "categoria de bebidas não alcoólicas", com as seguintes subcategorias: águas, sucos, refrigerantes, isotônicos. Assim, ao analisar a subcategoria águas, verificamos as vendas, os investimentos em equipamentos, a área utilizada, a margem bruta e sua contribuição no lucro total da loja, comparando-os com os mesmos critérios, por exemplo, na subcategoria refrigerantes ou isotônicos. Outro exemplo seria o mercado de lojas de departamentos, em que as categorias podem ser divididas em roupas esportivas, vestidos, roupas de banho, sapatos e tênis.

Para implementar o gerenciamento de categoria, o varejista convida um de seus fornecedores — geralmente o líder —, que será denominado "capitão de categoria". É necessário desenvolver um plano de negócios que contemple desde o diagnóstico, a análise de desempenho, a definição dos papéis de cada item da categoria e o estabelecimento de estratégias e táticas até a revisão e avaliação de todo o plano, visando melhorar o desempenho e o lucro potencial de toda a categoria, com foco direcionado para a satisfação do consumidor. É importante que o varejista defina políticas rigorosas para cada capitão de categoria e acompanhe de perto as ações implementadas, dando sempre a palavra final. Assim, o varejista defende os interesses da loja e de cada categoria como um todo, evitando que algum capitão de categoria aja sem a devida ética ao adotar práticas privilegiadas para sua própria linha de produtos, em detrimento dos produtos das outras marcas concorrentes.

O processo de gerenciamento de categorias analisa os seguintes pontos:

❑ *sortimento eficiente* — visa otimizar o *mix* de produtos, definindo as SKUs a serem vendidas na loja, respeitando as preferências dos consumidores; com isso reduzem-se as perdas com produtos de baixo giro, bem como o número de produtos e respectivos custos de controle e estocagem;

❑ *gerenciamento do espaço* — utilizando uma ferramenta denominada planograma (esquema gráfico que mostra exatamente onde cada SKU deve ser exposta), visa fornecer um sortimento eficiente que maximizará a lucratividade da categoria, reduzindo o índice de falta de mercadoria;

❑ *layout* — sua correta definição visa induzir o consumidor a circular dentro da loja de forma agradável, propiciando a exposição adequada das mercadorias e gerando estímulo de compra por impulso, por necessidade ou compras casadas;

❑ *activity based costing* (ABC) ou custeio baseado em atividades — visa analisar os custos de cada operação dentro do varejo;

❑ *promoções eficientes* — visa maximizar a eficiência de todo o sistema promocional, definindo o tipo de promoção, os itens a serem promovidos, a frequência da ação, a localização do produto dentro da loja, o instrumento de divulgação a ser utilizado etc.;

❑ *modelagem de preços* — visa determinar, por meio de estudos estatísticos, os pontos ótimos de preços ao consumidor dos diferentes produtos, medindo sua elasticidade-preço; é nesse momento que se define a disparidade de preços entre as mercadorias, buscando-se, efetivamente, uma consistência no posicionamento de preços do negócio;

❑ *pesquisa* — visa colher opiniões e sugestões do consumidor, seja por intermédio de grupos fechados ou de pesquisa quantitativa, no intuito de corrigir certos pontos da oferta ou buscar novas oportunidades; o objetivo é que o consumidor encontre o produto certo, no local certo, com a apresentação desejada e a um preço justo.

É prática dos varejistas que adotam a técnica do gerenciamento de categorias atribuir um determinado papel a cada uma, papel esse que varia conforme a capacidade de atrair clientes para a loja e de definir a imagem daquele varejista.

❑ Categoria *destino*: capacidade muito alta de atrair clientes para a loja e de definir a imagem do varejista. A categoria destino é a que faz a loja ser lembrada como o melhor local para adquirir determinado tipo de produto, não necessariamente pelo menor preço, mas pela melhor combinação dos aspectos sortimento, preço, ambientação e serviços. Nesse tipo de categoria, é necessário haver um *sortimento muito profundo*.

❑ Categoria *rotina*: capacidade alta de atrair clientes para a loja e de definir a imagem do varejista. A categoria rotina determina o varejista como loja preferida, em razão do fornecimento de valor consistente e competitivo no atendimento das necessidades de rotina e de estocagem do consumidor. Nesse tipo de categoria convém oferecer *sortimento profundo*.

❑ Categoria *ocasional* ou *sazonal*: capacidade média de atrair clientes para a loja e de definir a imagem do varejista. A categoria ocasional reforça a imagem do varejista como loja preferida em razão do fornecimento de valor competitivo e oportuno para o consumidor-alvo de compras sazonais. Nesse tipo de categoria, costuma-se oferecer um nível de *sortimento médio.*

❏ Categoria *conveniência*: capacidade de atrair clientes para a loja e de definir a imagem daquele varejista. A categoria conveniência reforça a imagem do varejista como loja completa em razão do fornecimento do valor adequado do consumidor-alvo no atendimento de suas necessidades de reposição planejadas ou não planejadas. Nesse tipo de categoria costuma-se oferecer *pouco sortimento.*

O papel que cada categoria exerce, mesmo dentro de uma única rede de varejo, depende do perfil do consumidor que frequenta cada ponto de venda. Por exemplo: em uma determinada rede de farmácias, um produto para alisamento de cabelos (henê) exerce o papel de rotina em algumas lojas e o papel de conveniência em outras. Analogamente, a categoria de vinhos em uma rede de supermercados. Por isso, o entendimento das necessidades, motivações e processos decisórios do cliente de cada local específico é essencial para que o varejista tome as decisões certas quanto aos aspectos analisados na técnica do gerenciamento de categorias.

No gerenciamento de categorias desenvolve-se um plano de negócios e definem-se os responsáveis, os prazos e as metas financeiras e volumétricas num documento que costuma denominar-se cartão de metas. Em seguida, o passo mais importante é obter o comprometimento do pessoal da loja, que deverá dominar a lógica do processo, suas estratégias e táticas. Após a implementação é conveniente ter datas preestabelecidas para proceder a revisões e correções dentro do plano de negócios. O gerenciamento de categorias é um processo que exige aperfeiçoamento constante no que tange à definição de estratégia e ações táticas, porém a chave do sucesso é o relacionamento colaborativo entre a indústria e o varejo. Empresas como Coca-Cola, Ambev e Nestlé, entre outras, contam com metodologias e profissionais com vasta experiência nessa área para dar suporte à implementação no varejo. Entre os varejistas que usam essa técnica estão, por exemplo, Pão de Açúcar, Carrefour, Wal-Mart, Drogarias Estrela Galdino, Droga Raia e outros.

Tecnologia no varejo

Todas as ações de marketing são direcionadas para atender às necessidades do consumidor, as quais se materializam no ato de comprar. Imagine que você sai de sua casa em busca de um determinado produto, enfrenta um trânsito insuportável e, ao chegar à loja, dizem-lhe que "acabou o produto". Que experiência desagradável, não é?

Para o varejista, essa é uma situação muito ruim, porque acarreta perda de vendas e, pior ainda, a perda de clientes. A tecnologia pode evitar esse constrangimento, pois serve como importante ferramenta na gestão empresarial no varejo, especialmente na administração de estoques.

A situação dos estoques no varejo brasileiro mostra uma enorme dispersão das coberturas, com evidente desequilíbrio. Portanto, é importante atacar os dois grandes vilões no segmento: o excesso de estoque e a falta de estoque.

Buscando dar solução a esses problemas, a indústria, em parceria com o varejo, criou a resposta eficiente ao consumidor (*efficient consumer response* — ECR), sistema de entrega com resposta rápida (*quick response* — QR) que visa basicamente ao gerenciamento de estoque através da redução do tempo de espera do varejista, além de propiciar outros benefícios, a saber: redução dos níveis de estoque e também do espaço para estocagem; redução das perdas de vendas por falta de estoque; aumento das vendas, graças à maior variedade de produtos e à maior satisfação do consumidor; aumento da margem bruta, devido ao aumento no giro do produto; aumento no retorno das promoções; menores despesas de logística, em virtude do processamento eletrônico dos dados.

Fica, assim, evidenciado que as relações entre a indústria e o varejo evoluíram de forma significativa, contemplando desde o compartilhamento do fluxo de informações sobre os hábitos de consumo dos clientes da loja (como compram, tíquete médio, frequência de compra) até a melhoria no fluxo de abastecimento de produtos — fornecedor, centro de distribuição (CD), varejo e consumidor. Apesar dos interesses conflitantes de fornecedores e varejistas nas negociações de preços e prazos, pode-se buscar uma parceria "ganha-ganha", baseada numa filosofia de cooperação, na troca transparente de informações e na confiança mútua, visando atender cada vez melhor às necessidades dos consumidores no varejo.

O Wal-Mart, com 6.956 lojas no mundo e considerado o maior varejista mundial, possui, em sua sede, nos Estados Unidos, um banco de dados — investimento superior a US$ 700 milhões — que centraliza e processa, em tempo real, as informações de logística e de vendas de todas as lojas operadas pelo grupo, incluindo as do Brasil. Dados sobre giro de mercadorias, venda diária, produtos em estoque e trânsito, preço médio, prazo de compras e entrega, tudo isso pode ser verificado a qualquer momento do dia. A disponibilidade dessas informações gera um poder de negociação bastante forte perante a indústria e os fornecedores. Mas não só o Wal-Mart utiliza a tecnologia. Veja esses outros exemplos:

❑ a Home Depot, nos Estados Unidos, maior varejista mundial de materiais de construção, está implementando *self-check-outs* em 200 lojas da rede. Esses terminais permitem que o próprio consumidor leia o código de barras de suas compras e faça o pagamento sem a intervenção de um operador no caixa;

❑ segundo estimativas do Food Marketing Institute, os supermercados norte-americanos triplicaram o número de seus equipamentos nos últimos três anos. Aproximadamente 20% dos mais de 32 mil estabelecimentos daquele país possuem pelo menos uma máquina de autoatendimento. No Brasil, o grupo Pão de Açúcar vem realizando testes com o sistema. Seu grande apelo junto aos consumidores está no fato de que eles são atendidos rapidamente, podendo controlar melhor o tempo gasto em frente ao caixa. Para os varejistas, uma das vantagens é poder usar um único operador para supervisionar de quatro a oito caixas, liberando pessoal para outras atividades;

❑ a Marks & Spencer, nos Estados Unidos, passou a usar etiquetas inteligentes em sua linha de vestuário; elas permitem rastrear qualquer produto ao longo de toda a sua vida útil. Tal medida visa identificar a demanda dos produtos e assim ajustar melhor o estoque das lojas. Embora isso seja maravilhoso para o varejo e a indústria, que poderão reduzir custos e melhorar sua oferta de produtos, muitos consumidores estão preocupados com o que consideram uma invasão de privacidade;

❑ o supermercado Emporium São Paulo resolveu inovar em sua loja localizada em Moema (na capital paulista). Em vez de ter que empurrar o carrinho de compras, o consumidor passa pelas gôndolas munido de um computador de mão e vai registrando as mercadorias escolhidas com o leitor de código de barras. Depois, é só pegar um cartão magnético com o valor das compras e pagar no caixa. Em seguida, no menor prazo possível, a loja se encarrega de preparar o carrinho de compras com as escolhas do cliente e manda entregar os produtos em sua casa. Essa tecnologia veio da

Argentina, onde está funcionando no supermercado Bully's, em Buenos Aires. No supermercado Extra, os noivos fazem a lista de presentes utilizando o mesmo método, ou seja, circulam pelas gôndolas e vão registrando no computador de mão os presentes que gostariam de ganhar.

Perdas no varejo

No Programa de Administração de Varejo (Provar — FIA/FEA/USP) existe o Grupo de Prevenção de Perdas (GPP), que realiza estudos e promove cursos de capacitação nessa área. Conduz anualmente a pesquisa "Avaliação de perdas no varejo brasileiro", que visa quantificar o índice de perdas nas empresas varejistas, criando, assim, um referencial nacional. Em 2009, o índice de perdas no Brasil foi de 1,77% da receita operacional líquida das empresas brasileiras que já possuem uma área de prevenção de perdas estruturada.

O estudo das perdas no varejo tem preocupado os varejistas devido a seu impacto direto nos lucros das empresas. Em certos segmentos há casos em que a perda representa o mesmo valor gerado em lucro. Basicamente, as perdas de mercadoria acontecem em três áreas:

- ❏ furtos — internos (funcionários) ou externos (clientes);
- ❏ erros — operacionais (lançamento errôneo de notas fiscais) ou administrativos (falha no ponto de venda — PDV);
- ❏ quebras — por vencimento da validade dos produtos ou por manuseio (clientes ou funcionários).

Para minimizar as perdas é fundamental haver um programa de prevenção abrangendo os seguintes pontos: mensurar um indicador inicial confiável de perdas; estabelecer a meta a ser atingida; implantar mecanismos para registro das perdas conhecidas, buscando identificar as causas; desenvolver ações para controlar as principais causas de perda: furtos, erros e quebras.

Preço

Dentro do composto de varejo, o preço é uma variável relevante, pois influi diretamente na rentabilidade do varejista, bem como na transmissão de uma determinada imagem ao consumidor. Como definição, podemos dizer que preço é uma declaração de valor, mas não necessariamente uma declaração de custos. Pine II e Gilmore (1999:69) vão além, afirmando que "o diferencial de preços é uma função do valor de se lembrar da emoção".

Os tipos de mercadorias vendidas pelo varejista influenciam diretamente na decisão de compra, podendo ser bens de conveniência, de compra comparada e de especialidade. Para cada momento de compra, o consumidor tem uma percepção de valor, estando disposto a pagar um determinado preço. Comentando a respeito da equação de valor, Souza e Serrentino (2002:2) dizem que o consumidor quer:

❑ mais — conveniência, serviço, imagem, qualidade, inovação, ética, garantia e informação;
❑ menos — dinheiro, esforço, tempo e risco.

Em cada momento de compra, o consumidor reformula a equação de valor, analisando todos os atributos do seu numerador *versus* o preço e as formas de pagamento, ou seja:

Valor = benefício (concreto e abstrato) percebido pelo cliente ÷ custo

Como existem diversas percepções de valor por parte dos consumidores, os varejistas estão respondendo a elas por meio de variados e inovadores formatos de varejo.

As principais políticas de preço de um estabelecimento varejista são:

- ❑ *preço único ou negociado* — o varejista vende seus produtos pelo preço único marcado na mercadoria ou lista de preços, independentemente das quantidades envolvidas. Não existe barganha, e todos os consumidores pagam preços iguais por mercadorias iguais. Essa política é utilizada nas redes de *fast-food* e nos postos de abastecimento de combustíveis. Já com relação ao preço negociado, há margem para negociação. Nesse caso incluem-se as revendedoras de automóveis, que utilizam a política de preços flexíveis, dependendo do grau de barganha do consumidor;

- ❑ *preços da concorrência* — o varejista monitora os preços que estão sendo praticados pelos principais competidores para decidir como fixará os seus: acima, em linha ou abaixo. Alguns varejistas, como Wal-Mart e Office Depot, utilizam a estratégia de preços baixos todos os dias (*every day low price* — EDLP) como forma de se posicionarem na mente dos consumidores;

- ❑ *preços altos/baixos* (*high/low*) — os varejistas oferecem, num dado momento, preços altos para determinados produtos e baixos para outros, mediante promoções. As lojas de departamentos e butiques utilizam a redução de preços em caso de mudança de estação ou encalhe de algum item;

- ❑ *preços múltiplos* — nesse caso, os varejistas vendem diferentes quantidades por diferentes preços;

- ❑ *preços psicológicos* — os varejistas utilizam números quebrados para a precificação; por exemplo, R$ 29,90 em vez de R$ 30.

Diante da equação do valor, certos varejistas atuam diretamente na redução de preços buscando solucionar seus problemas,

mas se esquecem de incorporar, no numerador (benefício percebido pelo cliente), benefícios no produto.

O leitor interessado em aprofundar-se nesse assunto poderá consultar o livro *Formação e administração de preços e custos*, desta mesma série.

Pessoas

Já dissemos que as pessoas são o grande elo entre a estratégia e a operação dos negócios. Seguramente, quando entra na loja como cliente, você não vivencia a estratégia e sim a execução da tática. A equipe precisa funcionar como um grupo de pessoas associadas, que cooperam entre si, buscando atingir objetivos comuns. A combinação de produtos de qualidade e contato pessoal dentro da loja ou por telefone ou internet é decisiva para o consumidor escolher e criar um relacionamento com uma determinada loja.

Portanto, é necessário cultivar maior comprometimento, confiança, criatividade e envolvimento emocional na equipe da loja, dia após dia, semana após semana, mês após mês, ano após ano, de modo a criar valor no relacionamento com os clientes.

Atração e seleção

Se você já contratou alguém, deve ter passado pela seguinte experiência: após dois ou três meses com o novo funcionário, percebeu que ele não gostava de lidar com o público. No varejo, esse ponto é crítico. Para ultrapassar essas dificuldades, você deve levar em consideração os seguintes aspectos:

❑ definição do público-alvo e dos requisitos de atendimento — isso possibilitará identificar o perfil do funcionário ideal;

❑ atração — as fontes de atração podem ser pessoas do convívio diário do varejista, o Serviço Nacional de Aprendizagem Comercial (Senac) ou mesmo pessoas que trabalhem para os concorrentes; convém montar um banco de dados de pessoas aptas a trabalhar na loja;
❑ seleção — após a triagem dos candidatos, buscando compatibilizar a descrição do cargo com o perfil, aptidões, atitude e experiência observados, resta preencher as vagas, tendo sempre o cuidado de confirmar previamente os dados através de referências.

Segundo Saiani (2001:54), os varejistas centrados nos clientes "também descrevem as suas companhias como centradas no funcionário". Assim, o compartilhamento de crenças e valores é fundamental para o sucesso. Os proprietários do negócio devem transmitir sua filosofia a toda a empresa, dando mostras de sua convicção tanto por palavras quanto por atos, acreditando e investindo em seus funcionários, ouvindo suas opiniões na tomada de decisões e na solução de problemas.

Atrair e manter talentos é uma forma de impulsionar o negócio, criando um padrão de referência e excelência. Se, após todo esse cuidado, o varejista perceber que contratou a pessoa errada, não deve hesitar em demiti-la. Pessoas inadequadas ou insatisfeitas podem influenciar negativamente todo o resto da equipe.

Uma vez contratada a pessoa certa, ela precisa ser orientada para desempenhar sua função. O treinamento é uma atividade de suma importância no ambiente de varejo.

Treinamento

Ao planejarem suas atividades de treinamento, as empresas não devem enfatizar apenas a transmissão dos conteúdos e sua memorização. É importante incentivar o indivíduo a pensar, compreender, deduzir, raciocinar e aprender com seus erros. Assim o funcionário terá condições de agir sozinho sempre que tiver de tomar decisões diante dos clientes e não houver nenhum gerente para orientá-lo ou autorizar determinado procedimento. Isso é fundamental numa empresa que valoriza o serviço ao cliente, que espera soluções rápidas.

Findo o treinamento inicial, deve-se cultivar o hábito de acompanhar como o atendimento está sendo realizado. Nunca se deve delegar nada sem fazer o devido acompanhamento. Orientações, correções e elogios são bem-vindos a qualquer momento do horário de trabalho. O funcionário se sente valorizado com um elogio sincero. Todo mundo gosta de se sentir importante. Não se trata só de recompensar, mas também de reconhecer.

O empenho da empresa em realizar um processo educacional criterioso e diferenciado é amplamente percebido pelos clientes da loja. Os varejistas competentes nesse aspecto certamente são premiados com um maior volume de vendas e melhores resultados.

Vendas

Um varejo de sucesso precisa de um contato muito positivo entre o cliente e o pessoal da loja. As vendas devem ser entendidas como prestação de serviços: em primeiro lugar está a necessidade do cliente, não a do vendedor. Saiani (2001:134) chega mesmo a afirmar que estamos numa "nova era de vendas", na qual "vendas já era". Segundo ele,

> ninguém gosta que ninguém venda nada para ninguém. Vender da forma como se fazia até alguns anos atrás padece de um mal sério. O que conta agora é conseguir que o cliente queira voltar

ao seu negócio quando resolver comprar o que você vende. E isso é mais que vender. É causar experiências das quais o cliente não vai se esquecer.

Para desempenhar bem seu trabalho, concentrando-se em atender bem, um vendedor precisa ter em mente que não está vendendo somente produtos ou serviços. Ele também vende:

❑ *a si próprio* — os clientes reparam na aparência, educação e simpatia;

❑ *a loja* — os clientes precisam confiar no estabelecimento; se o vendedor lhes falar mal da loja, eles não comprarão nela;

❑ *a experiência* — o cliente precisa sentir-se bem enquanto está na loja; do contrário, não comprará nada e não voltará. O vendedor deve estar atento a isso, procurando fazer com que a passagem do cliente pela loja se torne uma experiência agradável. Saiani (2001:104) diz que, "em cada item do projeto de nossa loja, precisamos pensar em como vamos surpreender o cliente. Tirar seu fôlego com coisas que nem dá para explicar".

Um bom vendedor deve lembrar-se de que as pessoas compram com suas emoções, porque estão felizes, porque estão deprimidas, porque desejam agradar a alguém com um presente ou simplesmente porque querem algo diferente. Segundo Segel (2001:257), "se você está procurando lógica, um negócio de varejo não é o lugar para achá-la". Ele justifica tal afirmação lembrando que "a loja mais bem-sucedida não é sempre a que tem o melhor produto. É a loja que faz os clientes se sentirem bem em comprar lá".

Para fazer o cliente sentir-se bem, você precisa, em vez de vender, "inspirá-lo a comprar", como diz Saiani (2001:6). Para conseguir isso, faça perguntas. Procure saber para que problemas ele está buscando soluções e ajude-o genuinamente. Ouvir o cliente é uma arte. Engana-se quem pensa que o bom vendedor é o que fala muito. Na realidade, seu maior segredo é saber ouvir, mostrando uma atitude de empatia e de serviço, propondo uma solução, fazendo com que o cliente saia da loja feliz, mesmo que não tenha comprado nada. Para maior aprofundamento sobre esse tema, recomendamos a leitura de outros livros desta série, como *Gestão de serviços e marketing interno* e *Gestão de vendas*, assim como *Aspectos comportamentais da gestão de pessoas* e *Dimensões funcionais da gestão de pessoas*, da Série Gestão Empresarial.

Comunicação

A comunicação apropriada com os consumidores é uma das chaves do sucesso no negócio de varejo. Para se comunicar eficientemente com uma ampla audiência ou nichos de consumidores, a empresa varejista deve desenvolver ações nas áreas de publicidade, propaganda e promoção.

Publicidade

Está ligada às ações na área de relações públicas e assessoria de imprensa. Tais ações são de caráter informativo ou jornalístico e, quando bem-promovidas, geram confiança e credibilidade, devido à isenção atribuída às fontes jornalísticas, além de ter custos muito baixos.

Propaganda

Para que a agência de propaganda desenvolva toda a estratégia de comunicação da empresa e elabore campanhas, o varejista deve definir claramente: o público-alvo, o posicionamento de mercado, a imagem que ele deseja construir ou fortalecer e os diferenciais estratégicos que ele pretende oferecer para se destacar da concorrência, bem como aqueles reservados para superar as expectativas dos clientes (que não serão mostrados na propaganda). A propaganda eficaz para o varejo não é necessariamente a que ganha prêmios nos festivais, e sim a que contribui para realizar os objetivos pretendidos pelo varejista, os quais devem ser previamente informados à agência de propaganda. Tais objetivos podem estar ligados à conquista de novos públicos, ao aumento do fluxo de consumidores ou do valor da compra, ao fortalecimento da imagem ou, ainda, a um determinado evento, como uma liquidação ou uma data do calendário promocional.

Promoção

Pode ser de vendas ou institucional.

❏ *Promoção de vendas* — é utilizada nas seguintes circunstâncias: como suporte para a propaganda e a publicidade, no desenvolvimento e fortalecimento da imagem da loja, marcas e produtos; como diferencial mercadológico; como alternativa a investimentos maciços em propaganda; como resposta aos consumidores, quando eles exigem preços menores; como bloqueio das ações da concorrência; como incentivo especial à equipe de vendas e a diferentes públicos internos da empresa. Uma metodologia específica para o planejamento de promoções no ponto de venda será apresentada no capítulo 7.

❏ *Promoção institucional* — é um importante instrumento de apoio à divulgação e à criação e sustentação da imagem da loja, da marca e do produto. Divide-se em *promoção de imagem* e *promoção social*. A *promoção de imagem* é aquela realizada através do patrocínio a eventos culturais ou esportivos, tendo por objetivo associar a imagem da loja a um momento singular de descontração ou desligamento das atividades rotineiras e dos problemas, o que facilita a fixação da marca patrocinadora na mente do consumidor. Já a *promoção social* está ligada a ações sociais, como fazem O Boticário, os supermercados Pão de Açúcar e a Natura, por exemplo. Não só as empresas grandes fazem promoções sociais. Tais iniciativas também estão ao alcance das organizações de menor porte, como a rede Mercado Infantil, que criou o programa Mercado Solidário, por meio do qual já foram distribuídas mais de 10 mil peças de roupas (novas, porém de estoques antigos) para instituições que atendem crianças. Essa iniciativa conta com a participação do cliente, que escolhe, no ato da compra, qual instituição receberá sua doação.

Com o tópico sobre comunicação, encerramos o capítulo 4, sobre o composto de varejo, deixando para os próximos dois capítulos os demais elementos do *mix* varejista, a saber, localização comercial e apresentação física da loja.

5

Localização comercial

A escolha da localização comercial é estratégica, pois pode assegurar ao varejista uma importante vantagem competitiva — muitas vezes, a própria localização é o principal motivo da escolha de uma loja por parte de um cliente. Eis, segundo Parente (2000a), as alternativas que se apresentam aos varejistas:

- ❑ centro comercial não planejado — pode ser uma zona comercial do centro da cidade ou uma zona comercial de bairro ou de vizinhança;
- ❑ lojas isoladas;
- ❑ centro comercial planejado.

Centro comercial não planejado

Devido à grande afluência de pessoas e transportes coletivos, a região central da maioria das cidades abriga uma ampla quantidade e variedade de lojas, chegando mesmo a haver ruas com concentração especializada em determinado segmento varejista.

Já a zona comercial de bairro é o aglomerado comercial localizado em regiões fora do centro da cidade. Segundo Parente (2000a:333),

> à medida que as cidades maiores foram crescendo e espalhando-se geograficamente, os varejistas começaram a localizar-se em alguns bairros residenciais, em interseções e vias de intensa circulação de transporte coletivo, replicando, gradualmente, mas em escala menor, o composto varejista localizado no centro da cidade.

Dada a limitação de tempo na vida cotidiana, o comércio de bairro tem sido uma alternativa bastante utilizada pelos consumidores por oferecer grande variedade de lojas de compra comparada, lojas especializadas e varejistas de conveniência. Cabe citar, como exemplos, a rua Oscar Freire (em São Paulo) e a rua Garcia d'Ávila (no Rio de Janeiro). Dependendo da localização, podemos ter também uma zona comercial de vizinhança, isto é, uma microrregião do bairro situada nas principais vias de interseções e com uma pequena oferta de padarias, farmácias, correios, videolocadoras, serviços, mercearias e supermercados que buscam atender os consumidores locais.

Lojas isoladas

São varejistas localizados em regiões sem comércio próximo, às vezes até em regiões ermas, como avenidas ou estradas desprovidas de qualquer vizinhança. Tais varejistas só podem optar pelo isolamento se exercerem grande poder de atração, oferecendo variedade em mercadorias, preços competitivos e prestação de serviços, geralmente ao longo de vias expressas. Tais áreas têm um custo por metro quadrado bastante atraente e são muito procuradas por hipermercados, lojas de material de construção e atacadistas, entre outros.

Centro comercial planejado

São empreendimentos que combinam várias unidades varejistas no mesmo espaço físico, criando, assim, uma sinergia que atrai mais consumidores do que se as lojas estivessem em locais separados. Entre os vários formatos de centros comerciais planejados, os mais importantes são os shopping centers.

Os shopping centers são negócios de varejo e também ativos financeiros realizados por grandes empreendedores, podendo ter operação própria ou por meio de um prestador de serviços, isto é, um administrador (ou empresa administradora) que os opera mediante um contrato com o empreendedor.

Segundo a Associação Brasileira de Shopping Centers (Abrasce),[3] o Brasil é o 10º país do mundo em quantidade de shopping centers construídos — 408 em 2011 —, cujo nível de qualidade se equipara ao dos países mais desenvolvidos.

Em 1983, somente 15% dos empreendimentos estavam no interior do país, sendo esse percentual, hoje, de 49,9%. Os 408 shoppings totalizam área bruta locável (ABL) superior a 9,5 milhões de metros quadrados, compreendendo mais de 70 mil lojas-satélite, 2.800 lojas-âncora e 2.500 salas de cinema e teatro.

Segundo a Abrasce, o faturamento desse conjunto de shopping centers vem crescendo: em 2000, eram 281 shoppings com vendas totais de R$ 23 bilhões. Em 2010, o total passou para 408 shoppings, que juntos faturaram R$ 87 bilhões, representando 18,3% do faturamento de todo o varejo nacional, excluídos os setores automotivo e de derivados de petróleo.

Existem também outros tipos de centros comerciais planejados, como os hipermercados, os aeroportos, as estações rodo-

---

[3] Cf. <www.abrasce.com.br>.

viárias e os metrôs. Exemplos de boa utilização desses espaços são o Aeroporto Salgado Filho (em Porto Alegre), a Rodoviária do Tietê (em São Paulo) e a Rodoviária de Goiânia.

Fatores importantes para as decisões sobre localização

Para decidir onde localizar seu negócio, você deve levar em conta a área de influência, o comportamento do consumidor, a estratégia de localização comercial, o potencial da área e os aspectos físicos do ponto.

Área de influência

É a delimitação da região geográfica de onde procedem os clientes de um determinado ponto comercial. Essa delimitação não se faz necessariamente por figuras circulares ou concêntricas. Os principais fatores responsáveis pela delimitação das áreas de influência são: população residente e flutuante; densidade populacional; grau de concentração do comércio e competição; vias de acesso e barreiras de tráfego (metrô/ponte/retornos); distância percorrida e tempo de viagem.

As áreas de influência podem ser divididas em:

- ❑ áreas primária e secundária — correspondem à região de procedência de 90% dos clientes de um ponto comercial ao qual eles chegam, no máximo, em 30 minutos;
- ❑ área terciária — corresponde à região de procedência de 10% dos clientes, que chegam ao ponto comercial em mais de 30 minutos.

Normalmente 90% dos clientes de uma padaria provêm de sua área primária, que não ultrapassa 200 m de raio. Já a área primária de um supermercado em região metropolitana — cujos clientes gastam cerca de 15 minutos para chegar até lá — responde por cerca de 60% do seu faturamento. Segundo Masano (2001), uma boa localização visa obter uma ampla área de influência, com grande densidade de demanda e forte penetração no mercado. Parente (2000b) relaciona os seguintes métodos para determinar a área de influência de um negócio:

❑ entrevistas com clientes — é o método mais tradicional para obter informações (como nome, endereço e e-mail) para o mapeamento da área de influência;
❑ cadastro de clientes — com o advento dos programas de fidelidade, muitas lojas passaram a manter um cadastro de clientes com os respectivos endereços;
❑ mapas computadorizados — as modernas técnicas de geoprocessamento permitem identificar, em mapas computadorizados, os endereços dos clientes.

Para efetuar a complexa tarefa de cruzar dezenas ou centenas de informações, existe uma ferramenta denominada *geographical information system* (GIS), que integra dados econômicos e demográficos em mapas computadorizados, facilitando as análises de mercado e o mapeamento das áreas de influência das lojas. Tomando por base unidades geográficas referenciadas (CEP, setores censitários do IBGE, quadras de consumo de energia elétrica e água, zonas eleitorais, bairros e municípios), é possível organizar grupos de informações primárias e secundárias.

As ferramentas do GIS permitem identificar o melhor local, delinear o perfil de consumo em cada região da cidade ou do estado e diminuir os custos de transporte e distribuição. Você poderá obter mais informações sobre geoprocessamento no site <www.fatorgis.com.br>.

Comportamento do consumidor

Os tipos de mercadoria vendidos pelo varejista influenciam diretamente a decisão de compra, conforme salientam Morgado e Gonçalves (2001:268). Esses produtos podem ser bens de *conveniência*, cuja compra é frequente e na qual o consumidor deseja gastar o mínimo de tempo possível; bens de *compra comparada*, na qual os consumidores comparam, além dos preços, as opções e a qualidade oferecidas pelas lojas concorrentes antes de decidir-se (por exemplo, móveis, eletrodomésticos e roupas); e bens de *especialidade*, isto é, linhas de produtos com marca reconhecida e usualmente com prestação de serviços agregada, como os oferecidos em lojas de grifes de luxo e revendedoras de carros importados.

Estratégias de localização comercial

Para as redes de varejo que buscam a expansão, existem três opções básicas a serem consideradas: dominância regional, saturação de mercado e pequenas comunidades.

Dominância regional

Ocorre quando o varejista decide concentrar-se numa determinada região do país. Tal concentração lhe permite conhecer melhor os anseios e desejos dos consumidores, bem como obter economia de escala em mídia, logística e administração do negócio. Como exemplo, temos a rede Y. Yamada (de supermercados e lojas de departamentos), concentrada no Pará, e as lojas Colombo (eletrodomésticos) e Grazziotin (lojas de departamentos), na região Sul.

Saturação de mercado

É similar à dominância regional, só que a concentração se restringe a uma área metropolitana onde existe maior número de lojas. Isso acaba por canibalizar o volume de vendas de algumas lojas, mas a rede como um todo sai ganhando. É comum, em alguns segmentos do varejo, a instalação em pontos desocupados, próximos aos já estabelecidos ou na mesma área de influência, visando bloquear a entrada de um novo concorrente. Essa tática é utilizada, principalmente, no segmento de drogarias, que buscam ocupar espaços em nichos rentáveis, eliminando prováveis competidores.

Pequenas comunidades

São áreas com baixo grau de concorrência, porém com oportunidades de compras. São mercados fáceis de compreender e satisfazer. Essa estratégia foi utilizada pelo Wal-Mart, que instalou lojas em pequenos municípios, com comércio pouco desenvolvido. O crescimento verificado posteriormente fez aumentar a fatia de mercado nos municípios e atraiu outras comunidades das redondezas, o que levou outros varejistas a reformular suas estratégias ou mesmo abandonar os negócios.

Análise do potencial da área

Para analisar os mercados, Rosenbloom (2002) utiliza um modelo de quatro dimensões básicas, a saber: geografia do mercado, porte do mercado, densidade do mercado e comportamento do mercado.

Uma ferramenta útil para a análise do potencial da área é o índice de potencial de consumo (IPC). As instituições mais conhecidas que fornecem pesquisas com esse indicador são a Alpha Assessoria e Pesquisa (www.indicealpha.com.br) e a Florenzano Marketing (www.florenzano.com.br).

O IPC é calculado segundo um algoritmo que leva em conta o PIB, a renda nacional, a população, as contas nacionais, dados do IBGE (Pesquisa Nacional de Amostra de Domicílios, Pesquisa de Orçamento Familiar e outros) e fontes governamentais. O IPC levantado pela Florenzano Marketing mostra a participação *dos municípios* no consumo do país. Tal índice é fornecido em milhares de reais a serem consumidos em um determinado segmento em um determinado município e, também, em percentual, que representa quanto o consumo daquele ramo naquele município significa proporcionalmente, quando comparado ao consumo do mesmo ramo em todo o Brasil.

Na tabela apresentamos uma amostra do IPC para determinados municípios do estado de São Paulo, para o setor de calçados, em 2002, extraída da área pública do site da Florenzano Marketing. A tabela fornece o consumo total por cidade e também por faixas de salários mínimos (SM).

IPC FLORENZANO EM 2002 — ÍNDICE DE CALÇADOS (R$ MIL)

Cidade	0 a 5 SM	5 a 20 SM	Mais de 20 SM	Total	Participação no Brasil (%)
Araraquara	2.523	9.780	4.075	16.378	0,21413
Araras	1.552	4.532	1.532	7.616	0,09958
Campinas	12.084	76.488	39.478	128.050	1,67417
Indaiatuba	1.784	7.008	2.623	11.415	0,14925
Piracicaba	4.292	17.884	7.430	29.605	0,38707
Total no Brasil	1.824.126	4.070.528	1.753.935	7.648.589	100,00000

Se tomarmos como exemplo a cidade de Piracicaba no setor de calçados, veremos que o IPC indica que a população (de 340 mil pessoas) gastou R$ 29,6 milhões com calçados no ano em questão, o que equivale a 0,387% do gasto total com calçados pelas famílias no Brasil.

Verificando, por exemplo, o consumo das famílias que ganham mais de 20 salários mínimos, observamos que nessa faixa de renda (classe A), o gasto foi de cerca de R$ 7,43 milhões na compra de calçados no período analisado.

Já o índice de potencial de mercado (IPM) mostra maiores e menores concentrações de pessoas com recursos disponíveis para gastar. Leva em consideração dados referentes a população, renda e venda ou posse de bens, os quais, ponderadamente, indicam o potencial para exploração de mercados. Existem pesos diferentes para cada componente da fórmula, sendo necessário calcular o percentual de participação do local pesquisado em relação ao total do país. Esses pesos podem variar de negócio para negócio, ou mesmo de varejista para varejista e, no cálculo, podem-se considerar regiões diferentes.

Outra ferramenta, o índice de saturação varejista (ISV), serve para determinar os mercados com potencial a ser explorado. O índice agrupa o número de consumidores residentes numa área, seus gastos no varejo e o grau de concorrência aí existente. O local que tiver o maior ISV será o mais adequado por apresentar maiores possibilidades de negócios. De acordo com Morgado e Gonçalves (2001:271), a fórmula para cálculo é:

$$ISV = (C \times Gi) \div Av$$

onde: C é o número de consumidores numa determinada área, Gi é o gasto individual nesse mercado para um determinado bem ou conjunto de bens e Av é o total da área de vendas das lojas aí existentes.

Aspectos físicos do ponto

Na avaliação dos aspectos físicos do ponto devem ser considerados certos detalhes, tais como estacionamento, acessibilidade, visibilidade, existência de calçada, atração e história do ponto e restrições da prefeitura.

Estacionamento

Os hábitos sedentários fazem com que muitas pessoas usem o carro para ir à padaria, à farmácia ou à mercearia, mesmo que estas fiquem a apenas três quadras da residência. Isso preocupa cada vez mais os varejistas, dada a importância do estacionamento para o negócio. Assim, para muitos deles torna-se fundamental priorizar a oferta dessa comodidade, seja por meio de convênios com empresas vizinhas de estacionamento, seja mediante adaptações de *layout* para oferecer parqueamento de frente para a loja.

Acessibilidade

Aqui o princípio básico é a facilidade que o cliente tem para entrar e sair. Para analisar a acessibilidade, devem-se levantar as seguintes informações:

- nível de tráfego e congestionamento nos horários de *rush* na região, condições de manutenção da via, sentido da via, fluxo diário de veículos, moradia, trabalho, distância e sazonalidade;
- existência de ponto de ônibus próximo ao local e de pista exclusiva para circulação;
- existência de barreiras (canal, pista com canteiro central, viaduto, metrô) que dificultem o acesso do consumidor;
- espaço para carga e descarga de mercadorias.

Esses fatores externos devem ser previamente analisados pelo varejista, pois poderão facilitar ou prejudicar o negócio.

Com relação ao acesso à própria loja, vale lembrar que a existência de escadas com mais de três ou quatro degraus pode desanimar certos consumidores. Outro aspecto a ser considerado é a facilidade de acesso para deficientes físicos.

Visibilidade

Dependendo do tipo do negócio, é importante que o consumidor possa avistar, a uma certa distância, um "totem" (grande placa de identificação no alto de um poste, muito usada pelo McDonald's e postos de combustível) ou mesmo a fachada da loja. No segmento de combustíveis, o consumidor deve poder avistar o "totem" a uma distância de, pelo menos, 300 m, para que seu acesso seja seguro.

Existência de calçada

A existência de calçadas em frente às lojas é uma forma de atrair o consumidor que circula a pé pela área. No entanto, devido ao caos urbano, é comum haver obstáculos à circulação, como o estacionamento irregular de veículos sobre as calçadas.

Atração do ponto

Existem quatro fatores de atração de um ponto:

❏ *atração geradora* — é decorrente da proposta inicial de compra planejada, ou seja, o consumidor se desloca com o objetivo de atender às suas necessidades;

❑ *atração suscetível* — acontece por impulso ou coincidência durante o deslocamento;

❑ *atração por negócios compartilhados* — atração geradora de vizinhos, como ocorre quando um consumidor, ao ir à padaria de manhã, resolve comprar o jornal numa banca próxima;

❑ *atração cumulativa* — é o caso de shopping centers que agregam um *tenant-mix* (composição de inquilinos lojistas) criteriosamente planejado, combinando várias lojas no mesmo espaço e criando uma forte sinergia que atrai mais consumidores do que se as lojas estivessem em locais separados.

História do ponto

Pode-se conhecer a história do ponto por meio de informações de vizinhos, moradores antigos e funcionários que trabalham no bairro. É importante informar-se a respeito de eventuais mudanças no fluxo de tráfego, no nível de segurança, nas condições de drenagem em dias de chuva forte, no crescimento e na densidade populacional da região, bem como sobre os formatos de varejo que ali já existiram e por que fecharam.

Restrições da prefeitura

É fundamental que o varejista conheça a lei de zoneamento urbano e as restrições impostas pela prefeitura quanto a atividades comerciais, taxas e impostos, bem como os padrões para sinalização e uso de *merchandising*. Não são poucos os casos de comerciantes que compram pontos e só depois descobrem que seu ramo de negócios não é permitido no local.

Recomendações finais sobre a escolha do ponto comercial

Eis algumas recomendações finais no que concerne à escolha do ponto:

- ❏ para uma melhor visão, tirar fotos aéreas;
- ❏ circular a pé na área de influência do ponto em diferentes horários;
- ❏ de acordo com o perfil do negócio, avaliar o melhor posicionamento: bairro/centro ou centro/bairro;
- ❏ atentar para os corredores de passagem (grandes avenidas), pois nem sempre um grande fluxo significa clientes potenciais;
- ❏ dependendo do negócio, escolher o lado da rua em que faz sombra à tarde, quando o movimento de pedestres é maior;
- ❏ para lojas com produtos de compra por impulso, escolher pontos com intenso tráfego de pedestres à sua frente;
- ❏ verificar a vizinhança.

Para concluir, lembramos que, na escolha da localização comercial, não menos importante do que o uso de ferramentas objetivas e sofisticadas é a análise subjetiva do varejista ou do profissional de marketing. A experiência comercial e a intuição não devem ser desprezadas.

6

Apresentação física da loja e *visual merchandising*

Como está cada vez mais difícil encontrar oportunidades de diferenciação a partir dos produtos, dos preços, das promoções e da localização, os varejistas estão buscando transformar a própria loja num diferencial competitivo, tornando-a atraente e estimulante.

De fato, a atmosfera de uma loja, quando em sintonia com o desejo do consumidor, faz com que ele permaneça ali por mais tempo e o estimula a comprar. A apresentação física da loja, externa e internamente, deve refletir elementos culturais e sociais, sendo fundamental a busca de uma identidade. Tal planejamento requer um bom projeto de arquitetura e um competente *merchandising*, ou seja, técnicas de apresentação da mercadoria.

Projeto

Para Morgado e Gonçalves (2001:101), o projeto de uma loja deve especificar a estrutura, os acabamentos, o piso, o teto, os materiais a serem utilizados, as cores, a forma de colocação de equipamentos, os tipos de exposição, aliados ao plano de *merchandising* ideal para as mercadorias que estarão à venda.

Nesse processo de concepção ou reformulação, é da maior importância contratar profissionais especializados com experiência em instalações comerciais, o que envolve, no mínimo, um arquiteto. A presunção do varejista de saber fazer tudo sozinho, sem precisar de ajuda, frequentemente resulta em espaços malprojetados, disfuncionais e, até, de gosto duvidoso. A escolha de bons prestadores de serviço na fase pré-operacional é tão crítica quanto a escolha dos fornecedores com os quais a loja trabalhará após sua inauguração.

Para que os profissionais contratados apresentem um bom trabalho, é absolutamente essencial que o varejista defina precisamente seu posicionamento e sua visão; caso contrário, o projeto não refletirá a identidade por ele almejada para a loja.

Planejar e construir lojas de impacto é uma tarefa estratégica para os varejistas que desejam sobressair oferecendo ao consumidor uma experiência consistente e memorável. Construir uma loja e ter estoque já foi sinônimo de vender, mas hoje isso já não é tão simples. Não só os consumidores estão mais informados, exigentes e sofisticados, como também a concorrência com o varejo virtual impele as lojas tradicionais a buscarem um diferencial que as torne mais atraentes. Segundo a *designer* Donna Geary (2001:1),

> apesar do grande crescimento desses formatos eletrônicos ou de catálogo, a experiência de um cliente sempre será muito mais rica numa loja física. Afinal, tocar um teclado não se compara a tocar a mercadoria, folhear catálogos não se iguala a caminhar nos corredores de uma loja e um anúncio bidimensional não se compara a apreciar uma vitrine bem-arrumada.

Na busca da diferenciação, um conceito que vem sendo cada vez mais utilizado é o *visual merchandising*, que visa transformar a loja num ambiente altamente propício à compra.

Planejamento de lojas com o *visual merchandising*

Visual merchandising é a culminação de todos os estímulos visuais no ambiente de varejo, abrangendo tudo o que o consumidor percebe. Na realidade, o *visual merchandising* vai além do sentido da visão para tornar-se um conceito ampliado de *percepção*. Engloba, como dizem Morgado e Gonçalves (2001:105),

> a visualização das cores e suas influências psicológicas, os aromas e suas associações, o prazer do degustar, a atenção para a chamada auditiva ou para os sons musicais e, ainda, a aproximação do produto/mercadoria com o toque.

O *visual merchandising* faz parte do *merchandising* geral. Patruco (apud Morgado e Gonçalves, 2001:104) o define como "a arte de dramatizar a apresentação da mercadoria para estimular e encorajar o interesse do consumidor e induzi-lo a comprar".

Os profissionais que trabalham com *visual merchandising* estudam psicologia, ergonomia e antropometria, para elaborar seus projetos de acordo com as características do consumidor.

Do ponto de vista estético, o *visual merchandising* bem-realizado cria uma impressão favorável e memorável, simplifica o processo de compra, induz o consumidor a comprar mais e a retornar, facilita o trabalho dos vendedores e torna a loja um local divertido e estimulante para se comprar e para se trabalhar.

Do ponto de vista técnico, o *visual merchandising* eleva a produtividade da loja, o giro do estoque, as vendas por metro quadrado e as vendas de mercadorias mais rentáveis;

aumenta o tíquete médio e reduz a necessidade de remarcação e liquidações.

O planejamento do *visual merchandising*, segundo Geary (2001), engloba seis passos: imagem e ambiência; *layout*; apresentação da mercadoria; sinalização; *displays*; e eventos e atividades. Esses seis passos têm relacionamento sinérgico, já que seu emprego conjunto proporciona um resultado superior à soma de cada um. Analogamente, o *visual merchandising* também representa apenas uma das peças da estratégia mais ampla do negócio. Vejamos cada um desses passos.

Imagem e ambiência

Diz o ditado popular que "não se tem uma segunda chance para se causar a primeira impressão". A imagem da loja é a primeira impressão visual e mental que o consumidor tem dela e que o influencia em sua decisão de entrar ou não. A primeira impressão pode ser positiva, negativa ou neutra. Obviamente, um varejista deve sempre buscar uma imagem positiva, que comunique uma mensagem singular, que faça a loja sobressair à concorrência e ser sempre lembrada. A imagem é o primeiro elemento do *visual merchandising*. Tudo o mais que o varejista fizer dentro da loja deve adequar-se à imagem previamente idealizada.

Na realidade, a primeira impressão é criada muito antes de o consumidor aproximar-se da loja, por meio da propaganda, do trabalho de relações públicas e da informação boca a boca. É importante que toda a publicidade e propaganda estabeleçam a mesma imagem do ponto de venda. Se a propaganda promove uma imagem sofisticada, também a loja deve ter esse tipo de visual e posicionamento. Uma propaganda voltada para preços deve corresponder a uma sinalização agressiva na vitrine e no interior da loja.

Segundo Geary (2001), estudos mostram que uma loja tem menos de sete segundos para captar a atenção de um transeunte no lado de fora. Uma loja bem-identificada, com boa vitrine, mas com excesso de mercadorias poluindo visualmente a entrada não é convidativa para o consumidor. Da mesma forma, uma entrada limpa e arejada não garante tráfego se o consumidor não tiver ideia da identidade da loja. Os pontos mais importantes para a formação da imagem da loja são:

❑ um nome prontamente identificável, curto, fácil de pronunciar e de lembrar, capaz de sugerir as imagens e os sentimentos que o varejista deseja incutir no consumidor;

❑ uma logomarca visualmente poderosa, simples, visível, marcante e coerente com o *mix* de produtos vendidos, projetada por um *designer* profissional;

❑ uma fachada correta, com arquitetura que combine com a identidade da loja, letreiro visível, legível e igualmente compatível, e vitrines que despertem o interesse do cliente;

❑ uma entrada convidativa, sem obstáculos ou cartazes de "proibido" que desmotivem o consumidor. A largura da entrada esteve por muito tempo associada ao nível de preços: quanto mais larga, menor a percepção de valor. Atualmente, a maioria das lojas tem entradas mais atraentes, que deixam entrever seu brilho interior. Em poucos segundos, o consumidor tem sua atenção desviada de fora para dentro da loja, enquanto decide se entra ou não. Segundo Saiani (2001:112), "a entrada da loja tem que exercer o papel de 'aspirador' de clientes", cuja decisão de entrar representa uma vitória para o varejista.

Na formação da imagem da loja, certas técnicas que apelam para os sentidos funcionam como "ganchos" de efeito psicológico. Por exemplo:

- o uso de aromas, recorrendo ou não às técnicas de aromaterapia;
- o uso de iluminação compatível com o clima da loja, vibrante ou mais íntimo; quanto mais intensa a iluminação, principalmente com lâmpadas fluorescentes, maior a associação com preços baixos;
- o uso de música adequada faz com que os clientes suportem melhor as filas e achem o serviço mais cordial, além de induzir uma permanência mais longa na loja. Convém usar um bom equipamento de som e escolher músicas que estejam de acordo com o gosto do público e o posicionamento da loja, e não com o gosto dos donos ou dos funcionários; pôr músicas mais suaves pela manhã e nos períodos de menor movimento, e músicas mais ritmadas nos horários de pico; trocar frequentemente a seleção de músicas, pois a excessiva repetição cansa os clientes e irrita os funcionários. A música serve para atrair ou afastar consumidores. Uma loja que queira atrair pessoas mais maduras e sofisticadas e evitar adolescentes, por exemplo, deve escolher música clássica. Vale lembrar que é necessário cumprir as exigências do Escritório Central de Arrecadação e Distribuição (Ecad) relativas a direitos autorais.

Muitos varejistas, por verem sua loja todos os dias, acabam perdendo a capacidade crítica. Assim, as mercadorias começam a amontoar-se nas vitrines e na entrada da loja, transmitindo ao consumidor uma imagem confusa, o que deve ser a todo custo evitado. A combinação dos esforços relacionados a marca, arquitetura, vitrines e fachada é que dá o tom ao estabelecimento, criando uma imagem no subconsciente do consumidor.

Layout

Layout da loja é a disposição de divisórias, pilares, caixas, provadores ou qualquer outro elemento fixo que interfira na circulação. Como algumas dessas estruturas são permanentes ou muito dispendiosas, convém confiar a um arquiteto todo o planejamento. Apresentamos, a seguir, os fatores que devem ser considerados no planejamento do *layout* da loja.

Transição da entrada da loja

Ao entrar na loja, a maioria dos consumidores deve retardar o passo para ter uma melhor percepção da loja. Underhill (1999) define a primeira área da loja como zona de transição ou descompressão. Esse espaço deve permitir que o consumidor se adapte às condições de iluminação, temperatura e ambientação. Nesse momento o consumidor ainda não está percebendo plenamente as mercadorias expostas. Por isso, sempre que possível, o varejista deve criar uma área de transição logo após a entrada. As mercadorias que ele mais deseja vender devem ser posicionadas depois da zona de descompressão e à direita.

Inclinação para virar à direita

Por reflexo condicionado, consumidores caminham do mesmo modo como dirigem carros, a fim de evitar colisões. Assim, posicionar o caixa logo no início da loja, do lado direito, não costuma ser uma boa ideia, pois nesse momento o consumidor ainda não escolheu nada.

Fluxo da loja

Em geral, os corredores podem ser matriciais (*grid*) e de fluxo livre ou circular. Os consumidores devem ser atraídos até o fundo da loja e sentir que estão sendo guiados, e não que caíram numa armadilha.

Os corredores matriciais, isto é, dispostos em forma de matriz, com linhas e colunas, são aconselháveis aos varejistas que comercializam ampla variedade ou sortimento de mercadorias, como supermercados, farmácias, lojas de materiais de construção e papelarias. É uma disposição que facilita as compras planejadas.

O fluxo livre é mais usado em livrarias e outras lojas menores e exclusivas, como as de moda e *lingerie*. É adequado para os estabelecimentos em que o consumidor entra para se distrair, porque induz a olhar a loja toda.

No fluxo circular, o consumidor entra pelo lado direito, vai até o fundo e retorna pelo lado esquerdo, havendo uma espécie de "ilha" no centro. É mais usado em lojas médias ou grandes, com pelo menos 60 m de largura, como as de vestuário, utensílios domésticos e artigos esportivos. Essa configuração se presta tanto à compra planejada quanto à compra por impulso.

Iluminação

A iluminação deve guiar a visão ao longo da loja; deve produzir um tom de pele agradável onde houver espelhos; deve ser bem-dimensionada nas cabines ou provadores; deve proporcionar claridade suficiente para que os funcionários executem suas tarefas; e deve destacar as melhores zonas da loja.

Identificação das melhores zonas da loja

Antes de decidir onde colocar prateleiras e utensílios expositores, é preciso determinar os locais mais atrativos da loja. Assim como há técnicas de localização numa cidade, bairro, ou quadra, o mesmo ocorre dentro de uma loja. Nesses pontos, o varejista deve apresentar suas mercadorias mais importantes. Paredes mais visíveis do que outras, finais ou interseções de corredores, zonas de impacto ou elementos estruturais podem ser usados como pontos focais. Outro local que merece atenção é a área em volta do caixa, ideal para produtos que são suscetíveis de desejo.

Khoury (2001) explica que o uso de gôndolas, *displays* ou mesmo cores diferentes pode atrair visualmente o cliente, retendo-o numa área que normalmente seria por ele ignorada, como os cantos da loja.

Uma vez que o consumidor entrou na loja e está circulando, chegou a hora de chamar a atenção para as mercadorias à venda. É o que você verá a seguir.

Apresentação da mercadoria

A apresentação da mercadoria é o momento em que o varejista precisa se tornar um contador de histórias. Especialmente no varejo de autosserviço, olhar o produto é um "momento da verdade", no qual os consumidores que planejavam compras podem se tornar apenas visitantes, e os que entraram só para se distrair podem se tornar clientes. De nada adianta uma fachada fenomenal, uma entrada convidativa, um interior bem-decorado e um fluxo bem-planejado se a apresentação das mercadorias for descuidada. Segundo Morgado e Gonçalves (2001:102), *merchandising* é

> a venda sem palavras, com a utilização apropriada das mercadorias, dos equipamentos e do espaço de vendas, produzindo uma "conversa" que desperta o desejo de compra nos consumidores e, ao mesmo tempo, transmite a imagem da loja.

Apresentar mercadorias é mais do que encher prateleiras. O *merchandising* eficiente requer disciplina constante, esforço diário e planejamento tanto para a próxima semana quanto para a próxima estação.

Dissemos que o proprietário da loja precisa ser um contador de histórias. No varejo, isso significa:

❑ *categorizar as mercadorias* de tal maneira que seja fácil para o consumidor orientar-se e escolher, por exemplo, roupas executivas numa butique, o departamento Nike numa loja de calçados, a seção de livros de autoajuda numa livraria, a seção masculina de tamanhos de dois a quatro anos numa loja de roupas infantis etc.;

❑ *posicionar os departamentos* dentro do *layout*. Decidir onde colocar cada seção ou departamento não é tarefa difícil, mas requer raciocínio lógico e planejamento. O objetivo é antever as necessidades do consumidor que transita pela loja. Todas as mercadorias podem ser agrupadas em departamentos genéricos que funcionam melhor em certas áreas da loja. Tais departamentos podem ser classificados como fixos, sazonais, de impulso, de alta margem, de baixa margem e até de alto nível de furtos, devendo estes últimos ficar ao alcance da vista dos funcionários;

❑ *posicionar os equipamentos expositores.* Deve-se encaminhar o fluxo para as áreas centrais e do fundo da loja e exibir atrativos nos finais de corredores; o projeto deve permitir um tráfego confortável e a visão de toda a loja pelos funcionários, a fim de que possam acompanhar o que se passa e prestar rápido atendimento;

❑ *organizar as mercadorias.* Assim como é preciso definir seções ou departamentos, dentro destes também é preciso organizar as mercadorias, seja por marca, preço, tamanho ou estilo;

❑ *apresentar a mercadoria com apelo de compra.* É preciso tomar decisões quanto à quantidade de produtos por item, quanto ao lugar de cada tipo de item nas prateleiras e quanto ao seu posicionamento junto a mercadorias de outras categorias que sejam comumente consumidas na mesma ocasião.

A seguir destacamos dois aspectos relevantes nas decisões relacionadas à apresentação com apelo de compra: acessibilidade e *cross-merchandising*.

Acessibilidade

Os consumidores costumam olhar as prateleiras do mesmo modo que leem um livro: da esquerda para a direita e de cima para baixo. Itens que geram maior margem nunca devem ser posicionados à esquerda, e sim onde o olho terminar o exame da linha de produtos, porque assim o cliente examinará do mais barato até o mais caro, nessa ordem. Devem ficar à altura dos olhos, não muito acima nem muito abaixo da cintura. Artigos pesados ou frágeis não devem ser posicionados em prateleiras muito altas, pois assim o consumidor tenderá a não examiná-los. Mercadorias para idosos não devem ser posicionadas em local muito baixo, para evitar que o cliente tenha de se curvar. Brinquedos devem ser posicionados à altura dos olhos das crianças. São pequenos detalhes, entre outros, a que o varejista deve estar atento.

Cross-merchandising

O *merchandising* cruzado é a apresentação de mercadorias fora de sua seção tradicional, em locais que combinem com outros produtos. Um exemplo é a exposição de vidros de *champignons* e de molho de tomate próximos ao açougue, para que o cliente, ao comprar carne, tenha a ideia de preparar um estrogonofe; mas isso não implica suprimir o produto de sua seção original.

Ter a mercadoria certa é requisito básico para realizar uma venda, mas é igualmente importante apresentá-la de forma artística e levar em conta a motivação do consumidor e seus comportamentos naturais de compra. Examinados os aspectos concernentes a imagem, *layout* e apresentação da mercadoria, vejamos os passos seguintes do planejamento do *visual merchandising*, a saber: a sinalização e os *displays*.

Sinalização

Uma boa sinalização funciona como um "vendedor silencioso" e deve estar nos locais certos, expressa de forma clara e concisa. É preciso transmitir ao cliente uma imagem profissional e informações que realmente sirvam para orientá-lo no processo de decisão. Por exemplo, ao examinar uma vasilha de cerâmica decorada, muitos consumidores querem saber se ela pode ir ao micro-ondas e à máquina de lavar louças, o que pode ser esclarecido num aviso afixado ao lado (direito!) do produto.

Displays

Os elementos mais teatrais do *visual merchandising* são os *displays*, uma espécie de vitrine no interior da loja visando conferir um toque artístico à exposição dos produtos. Podem ser montados pelo próprio varejista ou contratados fora, assim como as vitrines externas. Uma pirâmide de sabonetes na estante ou uma vitrine com manequins meticulosamente vestidos são exemplos de *displays*.

Com a própria mercadoria e acessórios, o varejista pode compor um cenário que entretenha e estimule os sentidos do observador. Para tanto é preciso desenvolver um tema, procurando associar os produtos a uma ideia inspirada, por exemplo, na natureza, na história ou nos esportes, escolhendo uma forma de apresentação criativa e original. Os *displays* chamam a atenção do consumidor e dão uma atmosfera de novidade à loja.

Eventos e atividades

No atual cenário competitivo, o consumidor depara-se com inúmeras opções. Por que ir a uma loja e não a outra? Em muitos casos, o motivo da escolha não tem a ver apenas com produto, preço ou conveniência, mas com o tipo de experiência que o consumidor espera encontrar. A ida à loja precisa ser um momento de prazer, interação e diversão. Geary (2001:183) afirma que os varejistas bem-sucedidos "transformarão suas lojas em miniteatros nos quais os clientes possam não apenas tocar e sentir a mercadoria, mas também entreter-se e educar-se".

Eventos que agradem ao público, desde a simples demonstração de produtos até programações que durem uma semana inteira, atraem novos consumidores à loja e geram publicidade espontânea. Como um bom teatro, tais eventos exigem planejamento e atenção ao enredo. Os pontos críticos são: entretenimento, educação e interação.

Entretenimento

As lojas costumam ser lugares maçantes. Alguns varejistas rivalizam na tentativa de estimular o consumidor, dentro ou fora do estabelecimento. Lojas como a Disney Store, a Warner Bros. e a Gymboree, nos Estados Unidos, têm raízes na indústria do entretenimento e são competentes nessas iniciativas. Estima-se que 70% dos consumidores que tiveram uma experiência de entretenimento no varejo retornam posteriormente à loja, o que representa o triplo ou o quádruplo do índice normal de retorno de novos clientes no varejo, de acordo com J'Amy Owens, do The Retail Group.

Por exemplo, uma loja de roupas e acessórios para crianças pode oferecer uma área de recreação com brinquedos de montar e videogames, como fez a rede de franquias Mercado Infantil, no Rio de Janeiro. Uma loja de produtos para animais domésticos em Toronto, no Canadá, promove festas natalinas e de Halloween para cães e gatos, além de oferecer serviços de embelezamento para esses animais em local que se assemelha a um cabeleireiro de verdade. Uma loja de roupas femininas pode instalar uma TV a cabo para os maridos das clientes assistirem a programas jornalísticos ou esportivos.

Vale lembrar que o tipo de entretenimento oferecido deve ser compatível com o perfil do cliente e com o posicionamento da loja. Além disso, quanto mais interativo for o entretenimento, maior será o envolvimento do cliente. O uso do entretenimento no varejo já se tornou tão comum que os americanos cunharam o termo *entertailing*, uma fusão de *entertainment* (entretenimento) com *retailing* (varejo).

Educação

Certas atividades podem ser uma forma elegante e sutil de transmitir informações sobre a mercadoria. Não é de hoje que a indústria de cosméticos promove demonstrações de seus produtos, ensinando as consumidoras a experimentar fragrâncias e batons ou a fazer maquiagens. São ações que impulsionam enormemente as vendas, porque levam o consumidor a conhecer melhor o produto e aprová-lo.

De maneira análoga, as seções de utilidades domésticas nas lojas de departamentos podem ter demonstradores para vários produtos, como máquinas de fazer pão e amoladores de facas, ou mesmo contratar atores para a demonstração de receitas em fornos ou frigideiras. Uma loja de informática pode promover demonstrações de computadores e oferecer aulas gratuitas a pequenos grupos de clientes. Uma livraria pode realizar seminários sobre temas de livros à venda e convidar seus autores a darem palestras para os clientes. As demonstrações de churrasco realizadas pela casa de carnes Bassi nos Supermercados Pão de Açúcar ensinam ao consumidor as formas de preparo de carnes nobres, estimulando-lhe o sentido do paladar. Eis algumas recomendações para o varejista interessado em promover atividades de caráter instrutivo: indagar dos clientes os produtos que eles gostariam de conhecer melhor; realizar demonstrações curtas, de cinco a 10 minutos; posicionar os produtos num local próximo à demonstração, para estimular as vendas; distribuir folhetos informativos; examinar a possibilidade de os próprios consumidores participarem na demonstração dos produtos.

Interação

A interação no ambiente varejista propicia maior envolvimento do consumidor com a mercadoria. Uma demonstração que ensina ao cliente como um produto funciona é uma atividade passiva. Para ele é muito mais interessante desempenhar um papel ativo, ou seja, poder lidar com o produto e descobrir como ele funciona, o que o faz sentir-se na posição de comando. Após interagir com o produto, o consumidor torna-se mais confiante em sua decisão de compra e já se sente seu "dono".

As atividades interativas são mais apropriadas a certos tipos de loja, como as que vendem carros, computadores ou instrumentos musicais, pois estes são produtos caros que devem corresponder integralmente às necessidades e aos desejos do cliente. Geary menciona uma loja de computadores e artigos eletrônicos que promove demonstrações, concursos de *karaoke* e *shows* de *laser*, conseguindo, assim, que mais de 20% dos visitantes retornem em menos de um mês.

A loja Mercado Infantil também realizou um evento interessante quando a marca resolveu lançar sua nova coleção Mascotes. No lançamento, fez três diferentes eventos. A loja do Shopping Rio Sul, no Rio de Janeiro, fez uma festa animada e levou a Sociedade União Internacional Protetora dos Animais (Suipa), com três cachorrinhos e uma veterinária disponível para esclarecer as dúvidas dos clientes. Na loja de Ipanema, uma *pet shop* expôs filhotes e distribuiu brindes com biscoitos caninos para as crianças que tivessem cachorro. A diretora da empresa, Denise Bergier Cardoso, relatou que a calçada da rua e o interior da loja se transformaram em um ponto de encontro de amigos, isso sem falar na quantidade de carrinhos de bebê parados, com as mães tentando entender o que tantos cachorros faziam dentro de uma loja de roupas.

Para tornar a loja mais interativa, recomendamos:

❏ encorajar os clientes a sempre experimentar antes de comprar;
❏ pedir apoio dos fornecedores para os eventos relacionados aos seus produtos;
❏ ter atenção aos detalhes como, numa loja que venda canetas, providenciar um bloco para que os clientes possam experimentá-las.

O varejo é um negócio dinâmico, no qual as lojas precisam apresentar-se de forma inteligente. E a técnica do *visual merchandising* é justamente o instrumento estratégico que lhes possibilita construir sua imagem e oferecer uma experiência de compra que atenda às expectativas do consumidor.

7

Promoção de vendas no varejo

Este capítulo focaliza a promoção de vendas, tópico já referido, quando tratamos da comunicação, no capítulo 4, mas que merece destaque especial, tamanha é sua importância no varejo.

Promoção de vendas: o que é e para que serve

Promoções de vendas são atividades de comunicação que têm por objetivo oferecer incentivos e benefícios adicionais aos clientes que visitem uma loja ou comprem mercadorias durante um determinado período.

Morgado e Gonçalves (2001:234) afirmam que: 65% das decisões de compra são tomadas na própria loja; 45% dos clientes são influenciados por estímulos no ponto de venda na hora de decidir a respeito da compra; e os consumidores compram de 15% a 20% mais quando as lojas são estimulantes para a compra.

As promoções no ponto de venda servem para estimular o comportamento do consumidor e produzem resultados a curto prazo. Segundo Parente (2000a:266), muitas promoções conferem uma atmosfera festiva ao processo de compra, e os consumidores são muito receptivos a essas atividades, pois percebem que elas lhe oferecem mais benefícios. Ficam, portanto, propensos a reavaliar seus mapas de preferência de produtos e fidelidade a marcas e costumam quebrar seus hábitos de compra para aproveitarem as promoções de vendas, experimentando novos produtos e outras marcas.

Mesmo contando-se com um excelente planejamento de promoção de vendas, não se deve prescindir da propaganda institucional. Infelizmente, essa é a prática adotada por inúmeros varejistas de todos os portes, mais preocupados com resultados imediatos. A promoção no ponto de venda deve ser vista como uma das possibilidades de comunicação, mas não a única. Promoção é igual a bicicleta: se parar de pedalar, cai.

Conforme os tipos de produto e os objetivos da empresa, podem-se utilizar várias técnicas. As mais tradicionais, com resultados bastante satisfatórios, são sorteios, concursos, ofertas, descontos, bônus, liquidações, brindes, amostras e degustações.

A promoção de vendas tem por objetivos:

- ❑ acelerar a rotação e o giro de um produto;
- ❑ reduzir estoques;
- ❑ incentivar a venda de determinado produto ou linha de produtos;
- ❑ aumentar a participação no mercado;
- ❑ desenvolver relações comerciais mais amistosas.

As promoções de vendas podem ser custeadas pelo próprio varejista ou subsidiadas parcial ou integralmente por fornecedores. Há também promoções cujos brindes são total ou parcialmente custeados pelo cliente, como as do tipo *self-liquidating* ou "autopagáveis". Nelas o varejista cobra um determinado complemento financeiro para que o cliente ganhe um benefício pelo qual normalmente teria que pagar mais no mercado. Em geral, esse tipo de promoção não tem por objetivo gerar lucro com a venda do brinde em si, mas com o aumento de vendas dos produtos da loja.

Criação de promoções

Para elaborar uma boa campanha promocional, o varejista precisa estar bem-informado sobre:

❏ o que seus concorrentes oferecem e quais promoções estão realizando;
❏ o que estimula os consumidores da região e os atuais clientes da loja a tomarem decisões de compra;
❏ a programação de eventos importantes na região.

De posse desses dados, o varejista poderá criar um formato promocional interessante e diferenciado, condição indispensável para que sua loja sobressaia à concorrência local.

Cabe à gerência da loja identificar seus problemas operacionais mais sérios — que deverão ser resolvidos antes da promoção —, bem como ações da concorrência que a estejam incomodando. Cumpre também identificar oportunidades para aumento de visibilidade, treinamento de equipe e mudanças no *mix* de produtos e nos materiais de *merchandising*.

O calendário promocional deve servir como fonte de inspiração para a criação de temas e formatos relacionados a datas marcantes, como Dia das Mães, Dia dos Pais, Dia da Criança, volta às aulas, chegada do inverno ou verão, festas juninas, Natal, Ano-Novo, início das férias escolares e datas religiosas ou comemorativas regionais.

Para lançar promoções, não basta criatividade; é preciso também utilizar dados quantitativos que vão muito além do controle do volume de vendas, como veremos a seguir.

Indicadores de desempenho

O valor monetário das vendas costuma ser o indicador mais utilizado pela vasta maioria dos varejistas. Mas, em se tratando de promoções, será que esse indicador é suficiente para orientar decisões?

Suponhamos que uma empresa tenha uma rede de 100 lojas e que sua equipe de marketing seja formada por duas pessoas. Em geral, para economizar esforços e recursos, uma rede procura uniformizar suas promoções. A pergunta que fazemos é: havendo duas lojas da mesma empresa, uma na cidade A e outra na cidade B, ambas com clientes de igual poder aquisitivo, área idêntica, produtos iguais em estoque, preços e volume de vendas iguais por mês, você recomendaria que elas fizessem a mesma promoção?

Em princípio a resposta seria afirmativa, porque uma equipe pequena não tem tempo para criar e gerenciar formatos diferentes de promoção para lojas com perfil tão parecido. É preciso economizar tempo e aproveitar a escala da rede para a compra de materiais de divulgação e, eventualmente, de brindes. Entretanto, essa é uma resposta típica de quem só levou em conta o valor das vendas. Então, vejamos outros dois indicadores numéricos que farão você refletir melhor sobre a resposta.

Suponhamos, agora, que a loja A realize 10 mil vendas por mês e a loja B, 5 mil. Isso nos leva a concluir que o valor médio da compra é de R$ 8 na loja A e de R$ 16 na loja B. Ora, esses indicadores são da maior importância. De que adianta realizar uma promoção visando aumentar o número de clientes se numa determinada loja, comparada a outras da mesma rede ou do mesmo ramo, esse número já está acima da média? E de que adianta idealizar um formato de promoção que incentive um gasto maior por cliente se naquela loja o cliente já compra um valor relativamente alto e se o problema dela é ter um número reduzido de clientes em relação à média das demais?

Ora, na loja em que o número de vendas (transações) realizadas é baixo, o que precisamos melhorar é o tráfego e a quantidade de pessoas que compram. E na loja em que o valor médio da compra é baixo, o que precisamos priorizar é o aumento do valor da compra de cada cliente. Cada problema de marketing local tem seu tratamento.

Isto posto, vejamos os dois indicadores que servirão de base para toda a técnica promocional a ser apresentada adiante: TC e TM.

TC (*ticket-count*), que significa número de "transações de caixa". Sua unidade é um número absoluto, pois representa a contagem de cupons de venda que o caixa da loja emitiu. Note-se que o número de transações de caixa não é necessariamente igual ao número de clientes, pois um cliente pode voltar no mesmo dia e comprar outra coisa (será mais uma TC), ou um cliente pode ser um pai de família e estar pagando uma compra que representa seis pessoas, ou seja, são seis clientes e uma TC. Mas isso não vem ao caso agora. Se você acha mais fácil entender TC como um indicador de tráfego, de número de clientes, já é um passo. Mas, a rigor, TC é a quantidade de vendas ou "transações de caixa" realizadas.

TM (tíquete médio) é o valor total das vendas dividido pelo número de transações de caixa. O TM é expresso em moeda (reais, dólares etc.) e medido num determinado período de observação (ano, mês, semana etc.). Por exemplo, se a loja vendeu US$ 90 mil no ano e realizou 9 mil transações de caixa no mesmo período, então seu TM será de US$ 10 no ano.

O TM representa o valor das vendas por transação se todas as transações tiverem sido do mesmo valor. É claro que sempre haverá diversas compras em valor superior ou inferior à média. Antes de começar a trabalhar com o TM, convém você conhecer o negócio profundamente, inteirando-se da distribuição das ocorrências (cada valor de venda) para saber se todas as vendas têm valor muito próximo ao do TM ou se estão com distribuição muito dispersa. São conceitos estatísticos simples, que sempre ajudam a conhecer melhor a situação e a usar corretamente o indicador TM para tomar certas decisões.

Numa loja com departamentos ou seções que comercializem produtos de preços muito diferentes entre si, o TM geral pode não ser um número muito importante para a decisão sobre promoções. É o caso, por exemplo, de uma loja de alimentos tipo *fast-food* com dois tipos de cliente: o que consome no local (geralmente sozinho ou com um acompanhante) e o que faz seu pedido em casa (geralmente com a família). Nesse tipo de negócio, o uso do TM geral não é muito representativo, sendo mais indicado trabalhar com o TM do balcão e idealizar as promoções só para o balcão (consumo local) e trabalhar também com o TM da entrega domiciliar e idealizar as promoções só para esse serviço, sem misturar os dois conceitos. Nesse caso, haveria duas médias representativas a serem trabalhadas.

Uma pizzaria com entregas domiciliares, por exemplo, pode ter o TM geral igual a R$ 10, mas, se contarmos apenas o atendimento no balcão, o TM é de R$ 5, e se contarmos apenas as entregas domiciliares, o TM é de R$ 15. Se idealizarmos uma promoção única, do tipo "em qualquer compra superior a R$ 10 você ganha de presente uma linda caneta", todos os clientes de entrega domiciliar ganharão a caneta, mesmo não tendo feito nenhum esforço para aumentar o valor da compra. Por outro lado, vários clientes do balcão que comprarem R$ 8, ou seja, acima do TM de balcão, não ganharão o brinde. Nesse caso, o ideal seria trabalhar com dois formatos de promoção diferenciados, um para os clientes de consumo local, considerando apenas o TM de balcão, e outro para os clientes de entregas, considerando apenas o TM deste tipo de serviço.

Em suma, deve-se ter cuidado ao trabalhar com médias: é preciso, primeiro, conhecer a distribuição das ocorrências do tipo de negócio em questão para, só depois, passar a trabalhar com o TM geral ou com os TMs por seção ou por grupos de clientes. O conhecimento da distribuição dos valores das vendas é valioso.

Além dos indicadores TM e TC, outra informação relevante é o *mix* de produtos vendidos a cada 100 transações de caixa.

Acompanhamento do *mix* de produtos a cada 100 TCs

Ao final de um determinado período (dia, semana ou mês), pode-se realizar um controle de todos os produtos vendidos e de quantas unidades foram vendidas de cada um. Sabendo-se também o número de transações de caixa efetuadas nesse mesmo período, é possível elaborar um mapa do *mix* médio de produtos a cada 100 TCs. Com a mesma base de observação, é mais fácil analisar e comparar a distribuição de vendas por produto em períodos diferentes, principalmente quando estes apresentam grande diferença no total de TCs.

Por exemplo, uma perfumaria realizou 1.600 transações de caixa num mês. Vendeu 80 colônias do tipo A, 55 colônias do tipo B e outros produtos. Nesse caso, o *mix* de produtos a cada 100 TCs seria: cinco colônias do tipo A, três, quatro colônias do tipo B, e assim por diante.

Com esse controle é possível saber que tipos de produto têm maior ou menor venda a cada 100 TCs e que outros tipos ou combinação de produtos devem ser promovidos para ganhar maior participação nas vendas a cada 100 TCs, e assim gerar mais lucro para a loja.

Na análise do *mix* de produtos vendidos a cada 100 TCs, além da comparação com meses anteriores ou com outras lojas da rede, devem-se levar em conta não só as oportunidades de venda de mais itens por cliente ou de itens mais caros por cliente, mas também as de artigos com prazo de validade expirando em breve ou que estejam saindo de moda ou, ainda, que não serão mais adequados à próxima estação. Certos produtos precisam ser vendidos com urgência, com menor ou nenhuma margem de lucro. Em casos extremos, o único interesse do varejista é evitar perdas, o que pode levá-lo a criar promoções bastante atraentes para o consumidor.

Se a loja trabalhar com um grande número de SKUs, será mais prático realizar o acompanhamento do *mix* a cada 100 TCs por departamento ou seção. Para a implementação de atividades promocionais baseadas em indicadores quantitativos, é essencial manter um controle dos resultados de cada dia, como veremos a seguir.

Registro permanente de dados

Toda loja deve manter um controle, ao menos diário, do valor das vendas e do número de transações de caixa, que pode ser feito por meio de um sofisticado sistema de informática com banco de dados ou com o auxílio de uma simples planilha eletrônica.

Nas linhas dessa planilha registram-se as vendas, o total de TCs de cada dia e, numa coluna à direita, o valor calculado — pela própria planilha — para o TM, que é igual ao valor das vendas dividido pelo total de TCs do período considerado. Na última linha da planilha, devem-se somar o valor total das vendas e o valor total de TCs e, então, calcular o TM do mês.

Com a realização sistemática desses registros é possível comparar períodos entre si, elaborar gráficos, estabelecer parâmetros para a fixação de objetivos, antever épocas de menores ou maiores vendas e ter uma base para avaliar os resultados de futuras atividades promocionais. Lembre-se: sem o registro sistemático das vendas e dos indicadores TC e TM e as respectivas consolidações, ao menos por mês, será precária a utilização de qualquer técnica de planejamento e acompanhamento de vendas e de promoções.

Efeitos de formatos promocionais

Existem diferentes técnicas promocionais para elevar o valor do TM (tíquete médio) e a quantidade de TCs (número de transações de caixa), como veremos mais à frente. Já podemos adiantar, porém, que as promoções visando aumentar o TM costumam conceder benefício ou expectativa de benefício ao cliente que apresentar um comportamento de compra desejado pela gerência da loja, por exemplo, comprar acima de um determinado valor, geralmente um pouco superior ao atual TM. Assim, uma loja de vestuário pode fazer a seguinte oferta: na compra de três camisetas com preço normal de R$ 22, cada camiseta sai por R$ 18. As promoções para aumento de TCs costumam ter apelo de preço baixo, sem maiores exigências de valor mínimo de compra, ou oferecer benefício que leve o consumidor a entrar na loja e efetuar uma compra que ele não faria se não houvesse promoção. No McDonald's, por exemplo, se um hambúrguer custa normalmente R$ 1,95, toda terça-feira ele é oferecido por R$ 0,99. No restaurante Sabor Saúde, no centro do Rio de Janeiro, a cada refeição realizada antes das 12h15min e após as 14h30min (horário de maior movimento), o cliente ganha um cupom e sete cupons valem uma refeição.

Como vimos, podem-se realizar promoções somente em determinados dias da semana ou em certos horários. Não é preciso implantar promoções indistintamente. O importante é que a comunicação da mecânica da promoção e seu prazo de vigência sejam claros e concisos para não haver mal-entendido ou insatisfação do consumidor.

Metodologia para a realização de promoções

Para realizar uma promoção é preciso definir o que fazer, como e quanto custa fazer, e, depois, medir os resultados. Às vezes um varejista lança uma promoção mesmo quando ela não é lucrativa, somente para reagir a outra, realizada por um concorrente. Ele se sente prejudicado pelo concorrente, acha que este está prosperando com a promoção e acaba por imitá-lo. Não raro, ambos acabam tendo prejuízo.

O varejista precisa saber fazer cálculos e previsões antes de implantar determinado formato promocional, porque simplesmente imitar a concorrência não garante que a ação esteja correta ou que vá trazer bons resultados para sua loja. Para ser bom em marketing, não basta ter intuição e criatividade; é preciso realizar constantes medições e cálculos, sem os quais tudo é "achismo". Lembre-se: ao pretender realizar uma promoção de vendas, faça um plano completo, incluindo, além da criatividade, todo um levantamento quantitativo. Adiante veremos como realizar esses cálculos.

Objetivo, estratégia e tática

Objetivo é o que se pretende alcançar. Por exemplo, aumentar as vendas em 15%. Estratégia é o modo como se pretende alcançar o objetivo. Por exemplo, incrementar as vendas por meio do aumento do número de itens que cada cliente compra.

Tática é uma das formas possíveis de se levar a cabo a estratégia. Por exemplo, fazer uma promoção na qual o cliente paga três produtos e leva cinco. A tática é sempre algo mais detalhado, podendo-se adotar várias táticas para uma mesma estratégia.

No planejamento de promoções, o objetivo estará relacionado ao aumento de vendas. Porém, como vimos que as vendas dependem do tíquete médio (TM) e do número de transações de caixa (TCs), fixaremos primeiro os dois subobjetivos, que são os aumentos percentuais pretendidos para TM e TC. O objetivo final, em termos de aumento percentual de vendas, não será fixado por quem planeja a promoção e sim calculado matematicamente, pois é resultado direto da combinação dos subobjetivos de aumento percentual de TM e de TC.

Por exemplo, se você pretende aumentar o TM em 20% e acha que é possível aumentar as TCs em 5%, então seu objetivo será aumentar as vendas em 26%. Não se devem somar os subobjetivos. Se TM = V ÷ TC, então V = TC × TM. Na fórmula, vemos que TC e TM estão relacionados pelo produto entre eles. Então, se o TM era de R$ 20 e passou a ser de R$ 24, e se a loja realizava 5 mil vendas no mês e passou a realizar 5.250 vendas, a venda anterior, que era de R$ 100 mil (R$ 20 × 5.000), passou a ser de R$ 126 mil (R$ 24 × 5.250). Se dividirmos 126 mil por 100 mil, veremos que o aumento é de 26%, e não 25%.

Para calcular o objetivo relacionado ao aumento de vendas não é preciso saber o valor prévio de TM ou de TC nem das vendas, pois o resultado não depende desses valores. Basta determinar quanto se deseja aumentar TM e TC e, depois, compor esses dois indicadores pela fórmula. No exemplo anterior, os subobjetivos são 20% para TM e 5% para TC. O objetivo pode ser calculado da seguinte maneira: $[(1,20 \times 1,05) - 1] \times 100 = 26\%$. É sempre recomendável trabalhar com quatro casas decimais porque, ao multiplicarmos por 100, teremos um número com duas casas decimais.

A fixação dos subobjetivos deve tomar por base não apenas o potencial de TC e de TM, mas também o formato escolhido para a promoção. Primeiro, determine os subobjetivos; depois, crie o formato; por último, verifique se ele é adequado para gerar os aumentos anteriormente fixados. Se você estabeleceu subobjetivos ousados e escolheu um formato pouco abrangente ou desinteressante, terá de rever o formato ou os subobjetivos.

Seleção da estratégia

Existem diversas possibilidades de estratégia, seja para aumentar o número de transações de caixa (TCs), seja para aumentar o tíquete médio (TM). Cada uma delas será implementada ou na área de influência da loja ou em seu interior.

Antes de selecionar a estratégia, é necessário identificar o problema. Por exemplo:

- ❏ *problema do tipo A* — baixo número de itens por compra em comparação com o mesmo período do ano anterior ou com outras lojas de perfil similar;
- ❏ *problema do tipo B* — o preço médio de cada item vendido está descendo, apesar — ou por causa — dos aumentos de preço;
- ❏ *problema do tipo C* — de todas as pessoas que entram na loja, o percentual das que o fazem pela primeira vez está declinando;
- ❏ *problema do tipo D* — o número de transações de caixa está declinando, devido à menor frequência de visitas.

Estratégias para aumento do TM

No interior da loja:

- ❏ desenvolver ações visando vender mais itens por tíquete (cupom fiscal) aos atuais clientes (estratégia para o problema do tipo A);

- desenvolver ações visando vender itens de maior valor agregado aos atuais clientes (estratégia para o problema do tipo B).

Na área da influência:

- desenvolver ações visando aumentar o tamanho do grupo (outra estratégia para o problema do tipo A, mas só há aumento do TM quando o pagamento da conta do grupo é feito num único cupom de venda; caso contrário, haverá aumento do número de TCs).

Estratégias para aumento das TCs

No interior da loja:

- desenvolver ações visando aumentar a frequência de visitas dos clientes atuais (estratégia para o problema do tipo D);
- desenvolver ações visando gerar mais transações adicionais (segunda compra na mesma visita) de clientes que compraram e ainda estão na loja. Essa estratégia não resolve nenhum dos problemas identificados, sendo apenas uma oportunidade de vendas adicionais aos clientes que já estão na loja e ainda podem fazer uma nova compra antes de saírem. Aplica-se mais a restaurantes e lanchonetes em que o tíquete é pago antes do consumo.

Na área de influência:

- desenvolver ações visando atrair a primeira visita de determinado público-alvo na área de influência da loja (estratégia para o problema do tipo C).

As estratégias no interior da loja podem funcionar bem sem divulgação externa. Já nas estratégias na área de influência é preciso comunicar a promoção para o público-alvo, o que é muito difícil de fazer sem adequada verba publicitária.

Em geral, sem apoio de mídia é muito mais fácil conseguir aumentar o tíquete médio (TM) do que aumentar o número de transações de caixa da loja. Com cartazes, *banners* e venda sugestiva no interior da loja, consegue-se elevar o valor da compra de quem já entrou, ao passo que, sem mídia, é bastante difícil atrair visitantes.

Seleção da tática

Antes de selecionar a tática, é fundamental conhecer o orçamento disponível para a promoção. Determinado o orçamento, deveremos dar continuidade à estratégia escolhida.

Aumento do TM no interior da loja

Ações visando vender mais itens por tíquete:

- pacotes combinados (preços especiais para o pacote; valor adicionado ao pacote);
- exposição de itens de impulso próximos à caixa registradora;
- programas de fidelidade (somando pontos por valor comprado ou número de itens comprados);
- premiação dos vendedores da loja cujas vendas tenham maior número médio de itens por tíquete.

Outras ações, exclusivamente para negócios de alimentação:

- festas de aniversário;
- preços simbólicos para refeições de crianças;
- área de recreação para crianças.

Ações voltadas para elevar o preço médio dos itens comprados por tíquete:

- brindes em determinados formatos de compra;
- *kits* com embalagem especial contendo itens mais caros;
- oferta do mesmo produto em tamanhos diferentes (por exemplo, refrigerante 300 ml, 500 ml e 700 ml; amaciante para roupas pequeno ou grande);
- precificação dos tamanhos maiores ou dos itens mais caros visando gerar percepção de valor para o cliente (por exemplo, colônia 50 ml por R$ 50 e 110 ml por R$ 80) e estimular a escolha do item maior;
- programas de fidelidade (somando pontos por valor comprado);
- premiação dos vendedores da loja cujas vendas tenham maior valor de tíquete médio.

Aumento de TCs no interior da loja

Ações visando aumentar a frequência de visitas:

- aprimoramento da operação da loja, com boa qualidade de serviços e produtos, bons padrões de limpeza e boa percepção de valor;
- brindes colecionáveis, induzindo o cliente a retornar para fazer mais compras;
- cartões de descontos para estudantes;
- cartões de descontos para a "terceira idade";
- cartões de descontos para clientes preferenciais;
- cupons com descontos;
- programas de fidelidade.

Ações visando estimular uma segunda compra na mesma visita (para lanchonetes e restaurantes):

- ❏ *merchandising* em *displays* sobre a mesa;
- ❏ programas de recarga ou refil (utilizar o mesmo copo para encher de bebida novamente, por um preço menor);
- ❏ carrinhos de sobremesa;
- ❏ na compra da refeição completa, obtenção de cupom para desconto na sobremesa e no café;
- ❏ primeiro cupom fiscal como cupom de desconto na segunda compra na mesma visita.

Aumento de TCs na área de influência

Ações visando estimular a experimentação ou primeira visita:

- ❏ residências — cupons enviados em mala direta, anúncios de novos produtos;
- ❏ transeuntes — *outdoors*, cartões de descontos para estudantes, folhetos;
- ❏ escritórios — convênios com empresas, cupons inseridos no envelope de contracheque/holerite do empregado, vale-brinde na compra.

Cálculos para o planejamento e controle da promoção

Para saber qual será o lucro gerado por uma promoção, primeiro calcula-se a venda incremental; em seguida, a contribuição variável; depois, os custos fixos da própria promoção; e, por fim, o lucro adicional.

Vale ressaltar que, nessa metodologia, estamos partindo do pressuposto de que a promoção deverá se pagar, ou seja, todos os seus custos serão pagos por ela própria, sem alterar o lucro normal com o qual a loja já contava. Em outras palavras, se uma loja vendia R$ 100 mil e seu lucro era de R$ 15 mil, caso ela faça uma promoção e consiga vender R$ 20 mil a mais, lucrando assim R$ 6 mil a mais, o novo lucro será R$ 15 mil + R$ 6 mil = R$ 21 mil. Do lucro adicional de R$ 6 mil já foram abatidas todas as despesas da própria promoção.

Essa metodologia é a mais conservadora, podendo-se utilizar outras quando se realizam promoções. Algumas empresas não partem do pressuposto de que todos os custos diretamente ligados a uma promoção serão pagos por ela própria. Assim, se uma empresa destinar à promoção maiores verbas do que as que espera obter com a venda adicional por ela gerada, o profissional de marketing poderá atingir mais facilmente seus objetivos. Porém, se não dispuser dessa verba extra, já estará habituado a realizar um trabalho contando apenas com o orçamento que será proporcionado pela própria promoção.

Feita essa ressalva, daqui em diante não lidaremos mais com o valor do lucro que já se vinha obtendo, mas tão somente com o conceito de lucro adicional, que significa o lucro a mais que foi obtido com a realização da promoção. Vejamos, então, os indicadores.

Venda incremental

Venda incremental é quanto se vendeu a mais como resultado direto de uma promoção no ponto de venda. Se a previsão de vendas de uma loja para um determinado mês era de R$ 50 mil, mas chegou a R$ 60 mil devido ao lançamento de uma promoção, então a venda incremental foi de R$ 10 mil.

Contribuição variável ou marginal

Para compreender o conceito de contribuição variável (também conhecida como contribuição marginal), é preciso lembrar, primeiramente, o que significa margem de contribuição. A margem de contribuição (M_c) é igual a 100% das vendas menos a soma (em percentual) de todas as despesas variáveis que incidem sobre um determinado negócio. Se o total de despesas variáveis de um negócio for equivalente a 54% das vendas, então a margem de contribuição será (100 – 54) igual a 46% das vendas. É claro que diferentes linhas de produto podem proporcionar diferentes margens de contribuição. Por motivos didáticos, entretanto, vamos simplificar o raciocínio e supor que existe uma margem de contribuição uniforme no negócio como um todo. Adaptações nos cálculos poderão ser feitas após o domínio da técnica, para maior refinamento nos resultados.

Assim:

> Contribuição variável (CV) = venda incremental – despesas variáveis

Por exemplo: se o total de despesas variáveis é 54% e as vendas incrementais correspondem a R$ 15 mil, a contribuição variável será: CV = R$ 15.000 – (R$ 15.000 × 0,54) = R$ 6.900.

Pondo em evidência os R$ 15 mil: CV = R$ 15.000 × (1 – 0,54) = R$ 6.900. Portanto, esse cálculo equivale a multiplicar a venda incremental pela margem de contribuição:

> Contribuição variável (CV) = venda incremental × M_c

Os custos fixos da loja não serão deduzidos porque, como ela já era lucrativa, eles já foram computados no cálculo do lucro normal da loja.

Custos fixos para a realização da promoção

Trata-se de todos os custos que independem do volume de vendas gerado pela promoção. Vendendo-se muito ou pouco, existirão esses custos, expressos não em percentual de vendas, mas em reais. Por exemplo, são despesas com *banners*, móbiles, cartazes, criação e produção de materiais gráficos para divulgação, campanha de incentivo aos funcionários, treinamento em promoção, aquisição de brindes, taxas para legalização de determinado formato que exija aprovação de órgãos governamentais etc.

Venda incremental mínima para que a promoção não seja deficitária

Para calcular o ponto de equilíbrio da promoção, ou seja, a venda incremental mínima ($VI_{mín}$) para que a promoção não seja deficitária, basta dividir o custo fixo com a realização da promoção pelo valor da margem de contribuição expressa em percentual.

$$VI_{mín} = Cf \div M_C$$

Demonstramos a fórmula: $L = VI_{mín} \times M_C - Cf$.

Ponto de equilíbrio, por definição, é a venda para a qual o lucro é zero. Portanto, podemos substituir L por zero: $0 = VI_{mín} \times M_C - Cf \Rightarrow VI_{mín} \times M_C = Cf \Rightarrow VI_{mín} = Cf \div M_C$.

Exemplificando: suponhamos que você orçou uma promoção cujo custo fixo total é de R$ 15 mil com margem de contribuição de 38%. Quanto de venda incremental sua promoção precisa proporcionar para que a iniciativa não seja deficitária?

Resposta: $VI_{mín} = Cf \div M_C = R\$ 15.000 \div 0,38 = R\$ 39.473,68$.

Lucro adicional gerado pela promoção

Em última análise, o que realmente desejamos saber é quanto uma promoção vai gerar de lucro adicional. Para isso precisamos estipular os subobjetivos (aumento percentual estipulado, respectivamente, para TC e TM), calcular o objetivo (aumento percentual calculado para V) e, então, deduzir todas as despesas incorridas. Assim,

> Lucro adicional = contribuição variável – custos fixos da promoção

Por exemplo: a previsão realista de vendas numa loja é de R$ 500 mil para o próximo trimestre, e o total de custos variáveis dessa loja é 58% das vendas. O gerente de marketing criou uma promoção cujos subobjetivos são aumentar o TM em 20% e as TCs em 3%. Tal promoção consiste em oferecer um determinado brinde para compras em valor um pouco acima do tíquete médio atual. A iniciativa será apoiada por *banners*, folhetos, cartazes, mala direta e campanha de incentivo aos funcionários e seu custo total será de R$ 18 mil. Pergunta-se:

a) Qual a venda incremental (em reais e em percentual da venda normal prevista) necessária para que se pague pelo menos o custo da realização da promoção?

b) Qual será o lucro adicional se o objetivo for atingido?
Respostas:
M_C (%) = 100% − 58% = 42% = 0,42.

a) $VI_{mín}$ = Cf ÷ M_C = 18.000 ÷ 0,42 = R$ 42.857,14. Isso equivale a vender 8,57% a mais do que a venda normal prevista, pois 42.857,14 ÷ 500.000 = 0,0857 = 8,57%.

b) Cálculo do lucro adicional gerado pela própria promoção:

❑ passo 1: cálculo do objetivo = 1,20 × 1,03 = 1,2360 ⇒ 23,60%;

❑ passo 2: venda incremental = 500.000 × 0,2360 = R$ 118.000. Ou seja, se o objetivo for atingido, a loja venderá R$ 118 mil a mais;

- passo 3: contribuição variável = 118.000 × 0,42 = R$ 49.560;
- passo 4: lucro adicional = R$ 49.560 − R$ 18.000 = R$ 31.560.

Algumas advertências

- Não basta prever o valor do lucro adicional a ser alcançado com a promoção. Após seu término, é essencial verificar qual a venda incremental efetivamente alcançada, rever todos os custos fixos de fato incorridos com a promoção e recalcular o lucro adicional. Com isso, temos o planejamento prévio e o acompanhamento final.
- Você pode não acertar na fixação dos subobjetivos e estimar incorretamente o orçamento gerado pela contribuição variável esperada, que, na realidade, não acontecerá. Fixar subobjetivos excessivamente otimistas, além de desmotivar a equipe da loja, pode fazer com que a promoção acabe gerando prejuízo. Os subobjetivos devem ser estimados de forma realista.
- O devido acompanhamento da venda incremental efetivamente apurada possibilita comparar os subobjetivos estimados com os objetivos alcançados, expressos em percentual do aumento de vendas. Deve-se sempre comparar o planejado com o realizado, para aprender com os próprios erros e acertos. Depois de realizar muitas promoções e conhecer seu negócio profundamente, o risco de erros na fixação dos subobjetivos e na determinação das mecânicas promocionais tenderá a diminuir.
- Brindes encomendados são custos fixos da promoção porque, independentemente de seu sucesso, o varejista deverá pagar pelo fornecimento dos brindes, mesmo que haja sobras.
- Brindes que consistem na própria mercadoria da loja merecem tratamento diferenciado, pois qualquer sobra de mer-

cadorias previstas como brinde poderá, em princípio, ser vendida, já que faz parte da linha de produtos da loja. Na realidade, esse tipo de brinde é um custo variável. Durante o planejamento, porém, uma maneira prática de computar o custo de mercadorias ofertadas como brinde é tratá-las como se fossem um custo fixo, embora não o sejam. Nesse caso, estima-se a quantidade de produtos a serem ofertados nessa condição (e que normalmente não seriam vendidos) e multiplica-se pelo seu preço de custo (CMV). Em seguida, estima-se a quantidade de produtos-brindes que seriam normalmente vendidos (se não houvesse promoção) e multiplica-se pelo seu preço de venda, já que deixarão de ser vendidos e significarão uma perda de receita para a loja. Ao término da promoção, recalcula-se o custo fixo da promoção considerando as quantidades efetivamente gastas. Por exemplo: suponhamos que uma loja vai realizar uma promoção em que o brinde, mediante compras acima de um determinado valor, é uma bolsa de praia cujo custo (para a loja) é de R$ 8 e cujo preço de venda é de R$ 22. Na composição de vendas normais da loja são vendidas 60 unidades dessa bolsa por mês, mas supõe-se que, com essa promoção, 50 bolsas deixarão de ser vendidas porque os clientes as ganharão de presente. Na promoção, estimou-se uma distribuição de 300 bolsas como brinde e a loja sabe que a margem de contribuição (M_c) dessa linha de produtos é de, por exemplo, 45% do preço de venda. Nesse caso, a estimativa de custo de brindes a ser computada será igual ao CMV das 300 bolsas dadas como brinde (300 × R$ 8 = R$ 2.400) acrescido da *contribuição marginal* (preço de venda multiplicado pela $M_c\%$) que a loja *deixou de ganhar* ao presentear as 50 bolsas para pessoas que iriam comprá-las pelo preço normal de venda (50 × R$ 22 × 45% = R$ 495), o que totaliza R$ 2.895. Ao final da vigência da promoção, a loja apurará a quantidade real dada como brinde e recalculará o custo para apurar o lucro adicional alcançado.

❏ Esse raciocínio nos leva à seguinte conclusão: é preciso ter cuidado ao se oferecer como brinde um produto que seja "carro-chefe" de vendas na loja. Como esse produto deixará de ser normalmente vendido, tal fato poderá significar uma perda substancial em certos casos.

❏ Promoções que oferecem descontos requerem atenção ainda maior no cálculo. Isso porque os descontos não representam um custo fixo da promoção; dependem da quantidade vendida, sendo, portanto, um custo variável. Quando a loja concede um desconto, o custo da mercadoria permanece o mesmo e seu preço de venda cai. Assim, o custo variável, expresso em percentual de vendas, aumenta e, consequentemente, a margem de contribuição diminui. Portanto, para calcular a contribuição variável, deve-se usar um valor revisado para a margem de contribuição.

❏ Ao rever o valor da margem de contribuição para promoções que envolvam descontos, é preciso considerar quais linhas de produtos terão descontos, quais os requisitos para a obtenção do desconto e, finalmente, quanto esse desconto significará em relação à venda total da loja. Não é porque se concedeu um desconto de 20% na linha de cintos que a margem de contribuição de toda a loja será afetada nessa mesma proporção.

Erros a serem evitados em promoções

Muitos erros podem acontecer em campanhas promocionais. Morgado e Gonçalves (2001:243) apontam alguns tipos de erro recorrentes:

❏ falhas na determinação de segmentos específicos — a promoção é desinteressante para o público-alvo da loja, que acaba não respondendo à iniciativa promocional. Por exemplo: se uma loja é voltada para um público sofisticado e exigente, promoções que concedam brindes de baixa qualidade não sensibilizarão esse público nem aumentarão as vendas, podendo até prejudicar a imagem da loja;

❑ falhas na determinação de objetivos — estimam-se subobjetivos (aumentos percentuais de TC e TM) muito aquém ou além do que acontecerá de fato. Quando o percentual de aumento de vendas estimado para a promoção é muito baixo, podem ser encomendados menos brindes do que o necessário ou pode faltar mão de obra para atender todo o público atraído, o que gera imagem negativa e pode fazer a loja perder vendas. Quando o percentual de aumento de vendas estimado para a promoção é excessivamente alto, a equipe de vendas fica desmotivada. Além disso, a falsa impressão de que se dispõe de um orçamento alto para realizar a promoção pode acarretar gastos excessivos (por exemplo, brindes caros ou muita propaganda), fazendo com que a promoção traga prejuízo para a loja;

❑ orçamentos insuficientes;

❑ falhas técnicas na elaboração do material — geralmente devido à pressa, os materiais promocionais são impressos com erros de linguagem ou de informação, o que prejudica a imagem do anunciante e, pior ainda, pode ensejar reclamações no Procon ou processos judiciais se algum consumidor se sentir prejudicado ou enganado, conforme alerta Vergara (2003).

Por último, vale acrescentar que a falta de acompanhamento dos resultados da promoção impossibilita o aprendizado e as correções de rumo em futuras iniciativas.

Conclusão

Trabalhar no varejo requer a busca constante da sintonia com o mercado, tentando conhecer os hábitos de consumo, as crenças e os valores dos clientes, a fim de melhor atendê-los dia após dia.

O moderno executivo de varejo pode ser definido como um profissional que valoriza o lado técnico e humano, estudando novas formas de gestão e baseando suas ações em pesquisas de mercado. Divide seu tempo entre estar à frente do negócio e manter-se a par das inovações, num processo de constante atualização. Zela pela escolha de suas mercadorias e pela negociação das compras. Procura selecionar, para sua equipe, as pessoas certas: honestas, simpáticas, identificadas com o negócio e genuinamente interessadas em servir ao cliente. Lidera pelo exemplo. Tem prazer no que faz. Preocupa-se com o nível de satisfação tanto de seus clientes quanto de sua equipe. Está sempre atento ao mercado e às ações da concorrência. Está sintonizado com as novas necessidades e os novos desejos do consumidor, buscando manter competitivo seu negócio e conferir-lhe uma identidade única, difícil de ser copiada. Afinal, alguém pode imitar o que você faz, mas ninguém consegue imitar o que você é.

Para prosperar no varejo, além de visão e competência administrativas, é preciso dar atenção também aos pequenos detalhes que fazem um cliente decidir-se entre comprar ou ir embora, retornar à loja ou passar a frequentar o concorrente. O varejista planeja a estratégia. O que o cliente percebe é a execução das táticas. Como dizem os americanos, *retail is detail* (varejo é detalhe).

O empresário Stew Leonard, fundador do supermercado americano que mais vende alimentos por metro quadrado no mundo, quando indagado sobre o segredo de seu sucesso, diz que não há nenhum. Para ele, o mais importante, além da excelência na escolha e na oferta de mercadorias e serviços, é criar e aprimorar uma série de pequenas coisas que, isoladamente, parecem insignificantes, mas que, no conjunto, criam um grande diferencial na percepção do consumidor, incorporando-se à identidade da loja. Eis uma frase muito interessante desse empresário: "Varejo é como fazer dieta. Todo mundo sabe fazer, mas o difícil é fazer todos os dias".

O varejo ainda é um dos ramos de negócio mais democráticos que existem, gerando empregos para homens e mulheres de diferentes idades, níveis de instrução, raças, religiões e nacionalidades. Não importa o volume do capital inicial investido no empreendimento. Existem grupos empresariais cujo patrimônio ultrapassa o PIB de muitos países, mas os pequenos negócios de família são numerosos, e muitos deles são verdadeiros exemplos de serviço ao cliente, apresentando excepcional retorno sobre o capital investido. Também não são raros os casos de empreendedores que começaram com parcos recursos e, hoje, são donos de grandes fortunas.

Sorte? Dificilmente. Também são características dos dirigentes empresariais de sucesso o preparo profissional, o interesse em aprender e estudar, a curiosidade, o dinamismo e a capacidade de inspirar toda a sua equipe, fazendo-a trabalhar com entusiasmo. E, por último, eles têm muita perseverança, porque dificuldades sempre surgem, e um líder não pode esmorecer ante o primeiro obstáculo.

Encerramos este livro com uma frase que consideramos muito inspiradora, dita pela protagonista de um filme antigo, chamado *Rosaline e os leões*: "A menor distância entre dois pontos não é uma reta. É um sonho". Cabe ao empreendedor alimentar esse sonho, contagiando seus colaboradores e clientes. Isso faz toda a diferença.

Desejamos todo o sucesso para você e, se algum dia vier a trabalhar no varejo, que se apaixone pelo tema tanto quanto nós.

Referências

BERMAN, B.; EVANS, J. R. *Retail management*: a strategic approach. New Jersey: Prentice Hall, 2010.

BERNARDINO, Eliane. A franquia é uma via de duas mãos. *Exame*, São Paulo: Abril, 17 ago. 1994.

BLESSA, Regina. *Merchandising no ponto de venda*. São Paulo: Atlas, 2010.

CHERTO, Marcelo R. *Franchising*: revolução no marketing. São Paulo: McGraw-Hill, 1988.

_____ et al. *Franchising*: uma estratégia para expansão de negócios. São Paulo: Premier Máxima, 2006.

CÔNSOLI, M. et al. *Trade marketing*: estratégias de distribuição e execução de vendas. São Paulo: Atlas, 2010.

COUGHLAN, Anne T. et al. *Canais de marketing e distribuição*. Porto Alegre: Bookman, 2002.

DAVIDSON, William R.; SWEENEY, Daniel J. *Retailing management*. New York: John Wiley & Sons, 1988.

GEARY, Donna. *Maximizing store impact*: a retail guide to profitable visual merchandising. Toronto: Ryerson University, 2001.

HOOLEY, Graham et al. *Estratégia de marketing e posicionamento competitivo*. São Paulo: Prentice Hall, 2001.

KHOURY, Nicolau E. Aproveitamento total da loja. *Jornal do Commercio*, 26 abr. 2001.

KOTLER, Philip. *Administração de marketing*: a edição do novo milênio. São Paulo: Prentice Hall, 2000.

_____; KELLER, K. *Administração de marketing*. 12. ed. São Paulo: Prentice Hall, 2006.

LAS CASAS, Alexandre Luzzi. *Marketing de varejo*. São Paulo: Atlas, 2006.

LEVY, Michael; WEITZ, Barton A. *Retailing management*. New York: McGraw-Hill, 2011.

MASANO, Tadeu F. *Determinação de áreas de influência de comércio*: o uso estratégico do GIS. Disponível em: <www.fatorgis.com.br>. Acesso em: 28 maio 2001.

MASON, J. Barry et al. *Modern retailing*: theory and practice. Chicago: Irwin, 1993.

MATTAR, Fauze. *Administração de varejo*. Rio de Janeiro: Elsevier, 2011.

MAURO, Paulo Cesar. *Guia do franqueador*: como fazer sua empresa crescer com o *franchising*. 3. ed. São Paulo: Nobel, 1999.

MENDELSOHN, Martin. *A essência do franchising*. São Paulo: Difusão de Educação e Cultura, 1994.

MORGADO, Maurício G.; GONÇALVES, Marcelo N. (Orgs.). *Varejo*: administração de empresas comerciais. São Paulo: Senac, 2001.

PACANOWSKI, Mauro. Carreira no varejo. *Jornal do Commercio*, 22 fev. 2003.

PARENTE, Juracy. *Varejo no Brasil*: gestão e estratégia. São Paulo: Atlas, 2000a.

_____. A importância da área de influência nas decisões de localização. *Revista Super Hiper*, set. 2000b.

PINE II, B. Joseph; GILMORE, James. *O espetáculo dos negócios*: desperte emoções que seduzam os clientes; sensações intensas determinam o valor de produtos e serviços. Rio de Janeiro: Campus, 1999.

PLÁ, Daniel. *Tudo sobre franchising*. Rio de Janeiro: Senac, 2001.

PORTER, Michael E. *Estratégia competitiva*: técnicas para análise de indústrias e da concorrência. Rio de Janeiro: Campus, 1986.

ROJO, Francisco J. G. *Supermercados no Brasil*: qualidade total, marketing de serviços, comportamento do consumidor. São Paulo: Atlas, 1998.

ROSENBLOOM, Bert. *Canais de marketing*: uma visão gerencial. São Paulo: Atlas, 2002.

SAIANI, Edmour. *Loja viva*: revolução no pequeno varejo brasileiro. Rio de Janeiro: Senac, 2001.

SEGEL, Rick. *Retail business kit*. New York: Hungry Minds, 2001.

SOUZA, Marcos Gouvea de. *A quinta onda dos serviços no varejo*. São Paulo: Gouvea de Souza & MD, 2007.

_____; SERRENTINO, Alberto. *Multivarejo na próxima economia*. São Paulo: Makron, 2002.

UNDERHILL, Paco. *Vamos às compras*: a ciência do consumo. Rio de Janeiro: Campus, 1999.

VERGARA, Sylvia Helena Constant. *Impacto dos direitos do consumidor nas práticas empresariais*. Rio de Janeiro: FGV, 2003.

WEINSTEIN, Art. *Segmentação de mercado*. São Paulo: Atlas, 1995.

Os autores

Eliane de Castro Bernardino

Mestre em gestão empresarial pela Ebape/FGV, especialista em varejo pela ESPM e em análise de sistemas pela PUC, graduada em engenharia civil pela UFF. Atuou em empresas como Accenture e Citibank. Atualmente é sócia e presidente da rede Mister Pizza. Sócia da Amplia Consultoria e Projetos, especializada em varejo e formatação de redes de franquias. Fundadora e ex-presidente da Seccional Rio de Janeiro da Associação Brasileira de Franchising. Professora do FGV Management.

Mauro Pacanowski

Especialista em gerência de negócios pela FGV, em promoção e *merchandising* pela Columbia University e em comunicação de varejo pela New York University; MBA executivo pelo Coppead/UFRJ. Graduado em administração pela USP e em direito pelo Instituto Metodista Bennett (IMB). Foi executivo de empresas como Roche, Merck, Knoll, Gillette do Brasil, Wella, Close-Up Internacional e grupo Max/Padrão de drogarias, além de consultor de empresas de varejo e shopping centers. Professor do FGV Management.

Nicolau Khoury

Especialista em varejo pela FGV, MBA executivo pelo Coppead/UFRJ e graduado em ciências econômicas pela Universidade Católica de Goiás. Foi executivo da Shell durante 19 anos, superintendente do Shopping Goiânia e atualmente é executivo do conglomerado de shoppings BR Malls.

Ulysses Reis

Graduado em administração de empresas pela Universidade do Rio de Janeiro e especialista em marketing e gestão de negócios pela ESPM, e em marketing de moda pela ESPM e pelo Fashion Institute of Technology. Diretor da Treinasse Soluções em Varejo, especializada em pesquisa em varejo e treinamento, e professor do FGV Management.